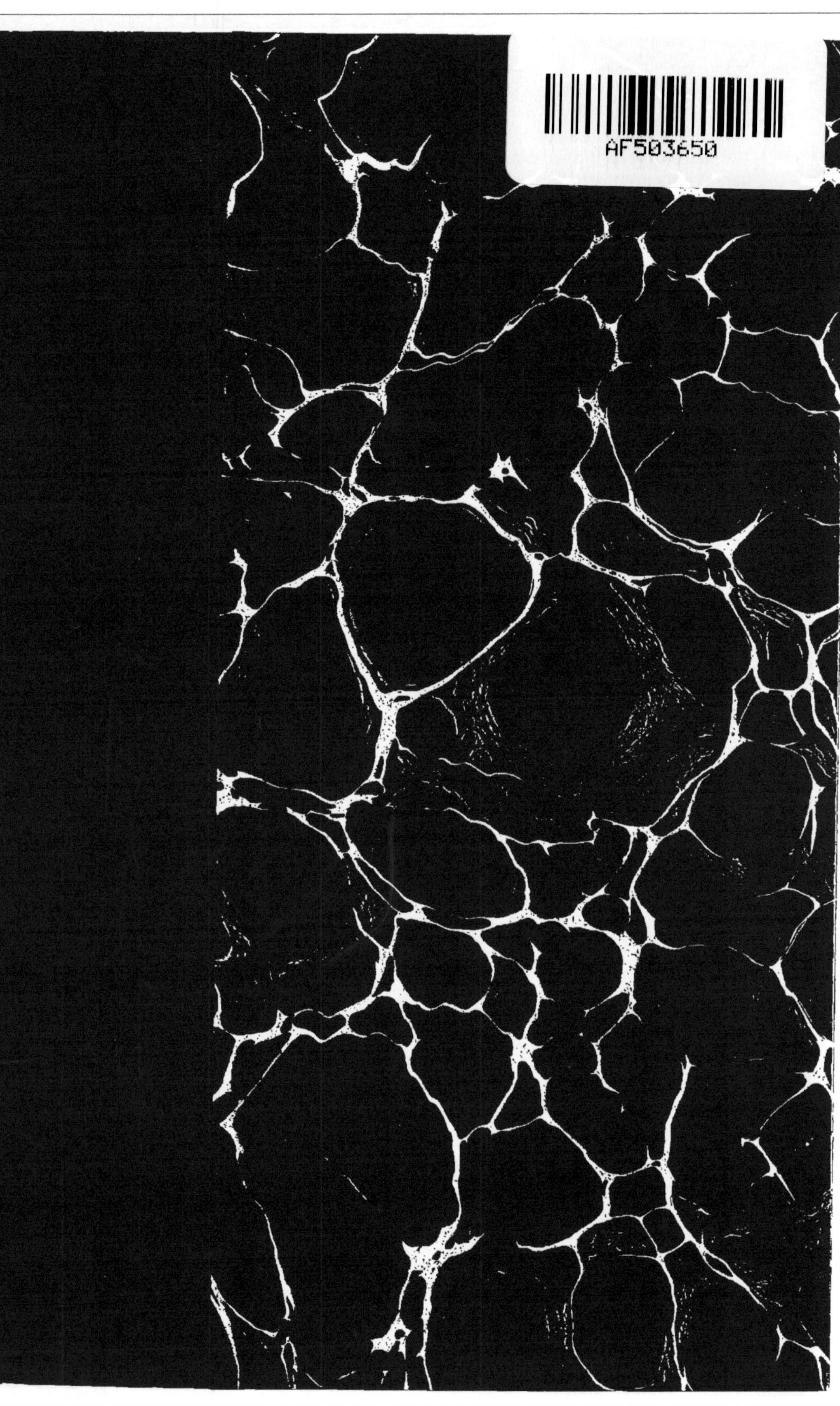
AF503650

I

HISTOIRE
ANCIENNE,
OU
PREMIERE PARTIE
DE L'HISTOIRE
DES HOMMES.

Hist. d'Assyr. Tome II. **A**

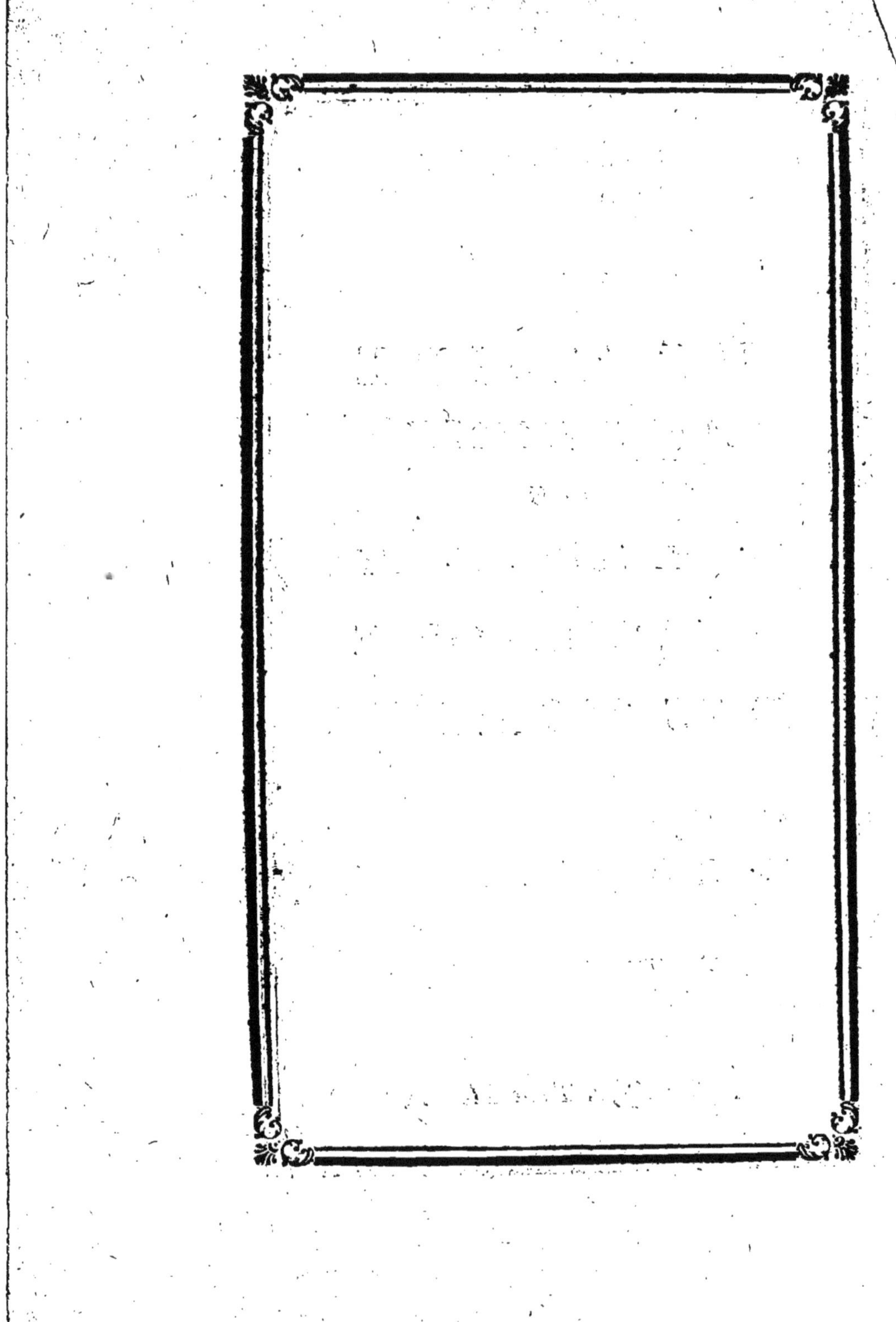

HISTOIRE

DES HOMMES,

OU

HISTOIRE

NOUVELLE

DE TOUS LES PEUPLES

DU MONDE.

PARTIE DE L'HISTOIRE ANCIENNE.

TOME V.

A PARIS.

M. DCC. LXXX.

Avec Approbation, & Privilège du Roi.

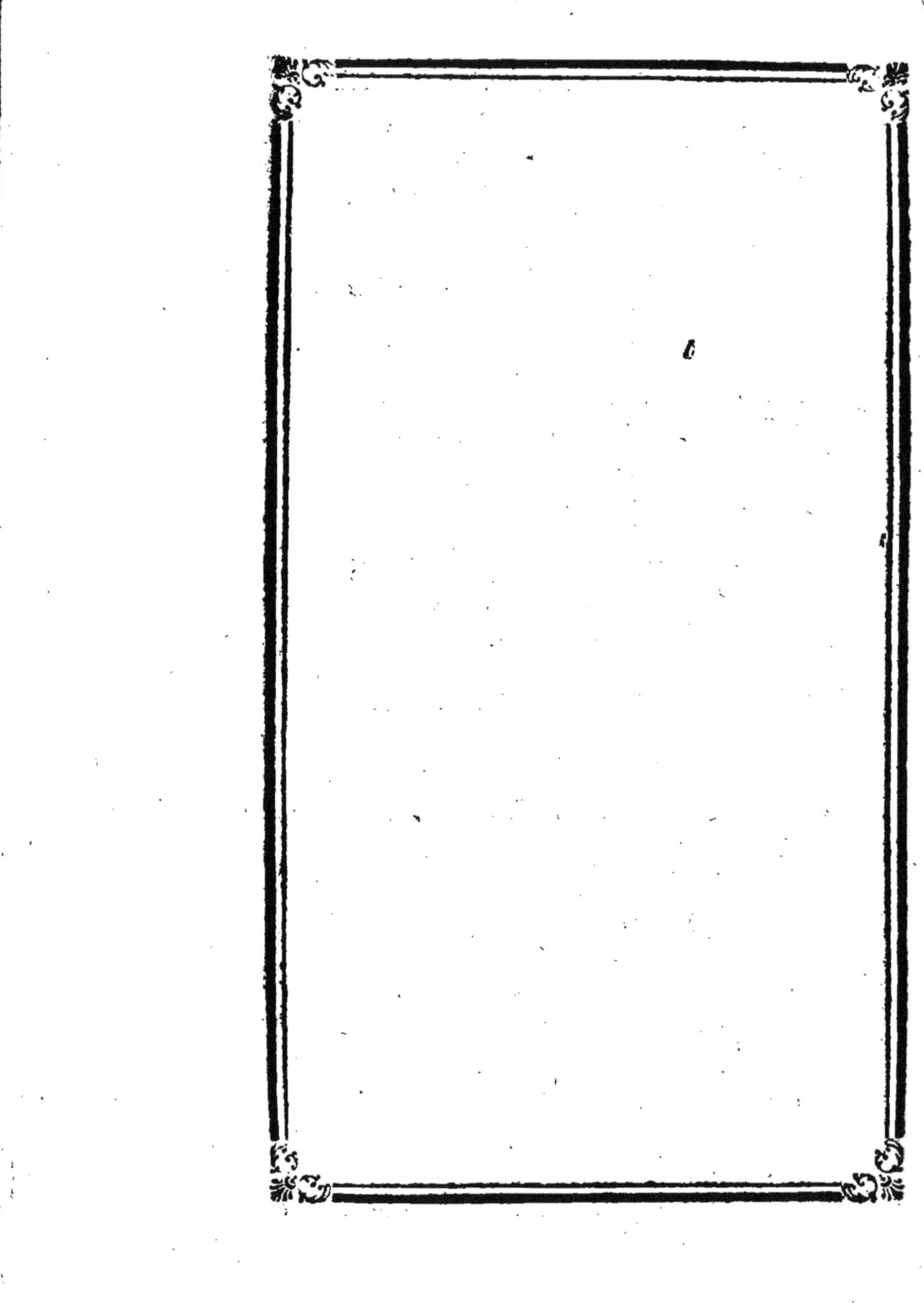

SUITE
DE L'HISTOIRE
D'ASSYRIE.

DU PROGRÈS

DES CONNAISSANCES HUMAINES
DANS BABYLONE.

LA raison vint à Babylone par les Astronomes Atlantes , connus dans la suite sous le nom de Chaldéens ; ces étrangers lui sauvèrent ce cercle d'erreurs absurdes , par lesquelles la raison humaine semble condamnée à passer , avant d'arriver à la vérité.

Les Chaldéens , à l'époque de la civilisation de l'Assyrie , s'étant trouvés les seuls Sages du globe connu , on leur confia à Babylone la Législation religieufe ; nous avons vu comment ils en abuferent pour enchaîner la multitude fous le joug de la crédulité ; mais le mal qu'ils ont fait aux hommes par leurs fuperftitions & par leur aftrologie, ne doit pas nous fermer les yeux fur les fervices qu'ils leur ont rendus, en étendant la fphère des lumières.

Les Anciens nous ont tranfmis quelques détails fur la Cofmogonie de ces Mages de Babylone.

Ils crurent primitivement à un être fuprême, qu'ils honorèrent fous le nom du *feu principe*, & dont l'intelligence avait débrouillé le cahos de la matière (*a*).

Cette matière était, fuivant leurs principes, coexiftante avec Dieu de toute éternité, & comme il avait été

___

(*a*) Eufeb. *Démonf. Evang.* liv. 3. Porphyr. *Vit. Pithagor.*

impoffible de la créer, il était auffi impoffible de l'anéantir (*a*).

L'époque où l'Etre fuprême avait
vivifié les mondes , fe perdait dans la
nuit des tems ; s'il fallait en croire
Berofe, elle remonterait à plus de quinze
millions d'années (*b*) , & encore ces
Philofophes trouvaient-ils notre univers
bien jeune en comparaifon des myria-
des de fiècles que Dieu oifif avait paffé
dans les intermondes, fans rien produire.

Ces principes tout fingaliers qu'ils
nous paraiffent , fervaient de bafe à
l'Aftronomie de Babylone.

Et ce qui n'eft pas moins digne de
remarque , c'eft qu'ils tenaient à un
fyftême lié dans toutes fes parties , fyftême imaginé par les Atlantes du monde
primitif , tranfmis par eux aux Mages
de la Chaldée , de-là aux Egyptiens ,

(*a*) Diod. Sicul. *lib.* 2. parag. 21.
(*b*) Syncell. *Chronog.* pag. 17. 28. 30 & 38.

qui en firent part aux Grecs, les maîtres des Romains & des Arabes, par qui la lumière eſt venue en Europe.

L'Aſtronomie Chaldéenne était eſſentiellement liée avec le culte religieux. Les Mages étudiaient le cours des aſtres, dans cette même tour de Belus, où ils offraient des ſacrifices. Ainſi le premier Temple connu de Babylone fut un obſervatoire.

Ce mélange de connaiſſances philoſophiques & de dogmes religieux, qui devait néceſſairemenc réſulter de ce que le Sacerdoce était occupé par des Aſtronomes, n'a pas peu contribué à couvrir leur Doctrine de nuages. Nous parcourons avec avidité les fragmens qui nous en reſtent; mais ce ſont, à certains égards pour nous, des hyeroglyphes, parce qu'on ne ſait preſque jamais s'ils parlaient aux hommes comme Prêtres, ou comme Philoſophes.

Voici cependant quelques faits qui

fortent de l'ordre des conjectures.

Les Chaldéens avaient une année fiderale de 365 jours 6 heures & 11 minutes (*a*), tandis que leur année civile n'était que de 365 jours & un quart. Ils n'ont pu parvenir à cette diſtinction, fans connaître le mouvement des fixes (*b*).

Leur ſyſtême fur les Cometes n'était point celui d'un peuple enfant. Les plus éclairés d'entre eux , les rangaient au nombre des Planetes ; il y en avait même qui connaiſſaient aſſez leur marche , pour prédire leur retour (*c*). Qu'ont fait de plus nos Aſtronomes avec les yeux des Caſſini & le génie des Newton ?

Ils étaient aſſez avancés dans la phy-

(*a*) Albategn. *de Scientiâ Stellarum* , cap 17.

(*b*) *Hiſt. des Mathemat.* par Montucla , tom. 1. pag. 61.

(*c*) Stobée , *Eclog.* cap. 25.

fique céleste, pour donner une théorie exacte de la Lune ; cette planete du second ordre ne brillait, suivant eux, que d'une lumière étrangère, & cette lumière s'éclipsait, quand le globe entrait dans l'ombre de la Terre (*a*).

Les observations sur les planetes, sur leurs stations, sur leurs rétrogradations & sur leurs conjonctions avec les étoiles, conduisaient les Chaldéens au vrai calcul des éclipses.

On a dit que le zodiaque avait été imaginé en Egypte, & on a eu tort : c'est à la Chaldée que la postérité en doit faire honneur. Le ciel de Babylone convient bien mieux à ses signes, que celui des plaines que le Nil inonde (*b*). Les Egyptiens en effet ne pou-

---

(*a*) Diod. Sicul. *lib.* 2. §. 21.

(*b*) Nous devons cette Observation au plus bel esprit de ce siècle. Voyez la *Philosop. de l'Hist.* Art. *des Chaldéens.*

vaient avoir le figne du taureau au mois d'Avril , puifque ce n'eft pas en cette faifon qu'ils labourent. Ils ne pouvaient figurer en Août un figne par une fille chargée d'épics de bled , puifque ce n'eft pas en ce tems qu'ils font la moiffon. Février ne pouvait être défigné par un vafe plein d'eau , puifqu'alors il ne pleut jamais dans ce climat.

Ce qui affure encore plus aux Chaldéens l'invention du zodiaque , c'eft que les fignes qui le forment , faifaient partie de la religion nationale. Diodore dit expreffement : « Les Mages com-
» ptaient douze Dieux fupérieurs,qui pré-
» fidaient chacun à un mois & à un figne
» du zodiaque (*a*) ».

La fuite du récit de l'Hiftorien mérite encore notre attention. « Le monde
» planetaire des Chaldéens paffe par
» ces douze fignes ; mais le Soleil ne

____

(*a*) Hiftor. Univ. *lib.* 2. §. 2ʃ.

» fait ce chemin que dans un an , &
» la Lune l'acheve dans un mois. Cha-
» que planete a sa période particulière ;
» mais leurs révolutions se font avec de
» grandes différences de tems & de
» grandes variations de vîtesse (*a*) ».
Que de connaissances réunies & indiquées dans ce texte ! Si jamais l'Astronomie venait à s'anéantir , il suffirait à
un homme de génie pour nous créer un
calendrier.

Les Astronomes de Babylone , des
mondes qui roulaient dans l'espace ,
descendaient quelquefois dans le nôtre ;
on parle d'une opération qu'ils avaient
tentée , pour mesurer la circonférence
de la terre ; ils disaient qu'un homme
qui marcherait d'un bon pas , & sans
s'arrêter , ferait comme le Soleil , le tour
de notre globe en un an (*b*). Pour

(*a*) Diod. Sicul. *Loc. Citat.*
(*b*) Achilles Tatius : *in Uranolog.* cap. 26.

apprécier cette mesure , il faut suppofer de quarante ftades Affyriens le chemin qu'un voyageur bien organifé peut faire en une heure. Or , ce ftade étant de 54 toifes , le Babylonien qui fait le tour de la terre , eft cenfé parcourir 2160 toifes en une heure , ou 51 , 840 en un jour , ou 18 , 934 , 560 en un an ; & comme la lieue aftronomique eft de 2283 toifes , ce nombre donne un peu plus de 8293 lieues , ce qui ne s'éloigne pas prodigieufement des 9000, fixées pour la circonférence de la terre , fuivant les calculs de nos Académie .

Au refte , fi on voulait réfoudre le problême par d'autres données , on parviendrait à un réfultat bien plus étonnant encore ; le Philofophe Pofi-donius , dépofitaire de la Doctrine Chal-déenne , tranfmife à la Grèce par les Egyptiens (*a*) , donnait 500 ftades au

---

(*a*) Je ne marche jamais qu'à l'appui des

degré de la terre. En adoptant pour l'évaluation, le ftade Egyptien majeur, qui eft de 114 toifes 10 pouces, le degré fe trouverait de 57063 toifes; ce qui ne différerait que de 18 pieds de la mefure faite par Picard, fous les aufpices de Louis XIV. (*a*).

Et ce n'eft point fans un grand motif que j'abandonnérais ici le ftade Affyrien pour celui de l'Egypte; ce dernier, bien antérieur au fiècle de *Séfoftris*, avait pour bafe le fameux Nilometre, établi pour déterminer la crue du Nil

---

faits: cette chaîne de dépofitaires de la Doctrine Chaldéenne était reconnue à Rome: on en peut juger par ce vers latin qui était devenu proverbe:

Tradidit Egyptis Babylon, Egyptus Achivis.

(*a*) Cette mefure eft de 57060, mais les opérations aftronomiques de ce fiècle qui l'ont rarifiée, fixent le degré a 57072 toifes. Ainfi l'erreur Chaldéenne dans notre hypothèfe fe réduit ftrictement à 9 toifes

& la hauteur de ſes débordémens. La coudée que repréſente le Nilometre, eſt de 20 pouces & demi, ou, pour parler avec la dernière préciſion, de 20 pouces $\frac{544}{1000}$ de notre pied de Roi (*a*). Or, cette coudée, ainſi que je l'ai déja fait preſſentir dans l'Hiſtoire du Monde primitif, n'eſt point dans la proportion de la ſtature humaine, telle qu'elle exiſte aujourd'hui. Elle ſuppoſe un peuple de géants, inſtituteur d'une foule de peuples dégénérés.

Ces principes conduiſent à faire honneur aux Atlantes de la meſure originale du Nilometre.

Cette meſure primitive de la grande coudée fut portée à Babylone avec les débris de l'Aſtronomie Atlantique, & elle ſervit d'élémens au grand ſtade de 114 toiſes 10 pouces, qu'on employa pour fixer la circonférence de la terre.

(*a*) Voyez *Ruines de la Grèce*, pag. 54.

Dans cette hypothèfe , il y aurait eu dans Babylone un ftade vulgaire de 54 toifes , qui fe ferait confervé comme repréfentant la mefure de la nation , & un ftade aftronomique , uniquement employé par les Mages , & deftiné à fe perdre , fi les Prêtres de Memphis , héritiers des connoiffances des Mages , ne l'avaient fait adopter par les Pharaons.

Les Chaldéens , dans leurs obfervations aftronomiques , ne fe laiffaient pas guider par la fimple théorie. Ils opéraient avec des machines : il y en a deux fur-tout qu'Hérodote nous a indiquées ; c'eft le *Pole* & le *Gnomon* (a).

Athènée nous repréfente le *Pole* comme un inftrument de l'efpèce des héliotropes , qui fervait à montrer les changemens du Soleil , au tems des foltices (b).

(a) *In Euterpe.*

(b) Athen. *Deipnofoph. lib.* 5. L'ingénieux Hiftorien de l'aftronomie ancienne a formé

Pour le *Gnomon*, il eſt aſſez connu. On ſait que c'eſt une pyramide élevée ſur un plan, dont l'ombre indique la hauteur du Soleil ſur l'horiſon.

Quelqu'étendues que fuſſent les connoiſſances des Chaldéens en Aſtronomie, il ne faudrait cependant pas en conclure, que la Doctrine primitive des Atlantes ne ſe fût pas quelquefois altérée par ſon mélange avec les idées hété-

---

d'heureuſes conjectures ſur la forme du pole Chaldéen. « Imaginons, dit-il, un cercle vertical qui ηη repréſente le méridien du lieu, avec un autre ηη cercle mobile ſur la circonférence du premier, ηη qui peut toujours être dirigé au Soleil à midi, ηη & qui s'élevant comme lui en été, s'abbaiſſe ηη comme lui en hyver. Cet inſtrument eſt très- ηη propre à montrer ce que les Anciens appel- ηη lent les converſions du Soleil, à faire voir les ηη changemens de ſa hauteur méridienne, & c'eſt ηη ainſi que l'on parvint à meſurer, pour la pre- ηη mière fois, l'obliquité de l'écliptique. Si l'on ηη ajoute une ſuſpenſion à cet inſtrument, on aura ηη l'origine de l'anneau aſtronomique. » Voy. *Hiſt. de l'Aſtron. ancienne*, pag. 384.

rogenes des Sophiſtes. Il y en avait à Babylone qui admettaient une phyſique très-erronnée ; par exemple , que le noyau de la terre était creux , & que ſa ſurface avait la forme d'un bateau : que le globe de la Lune, à demi obſcur & à demi lumineux , tournait ſur ſon axe pour produire les phaſes & les éclipſes : & que de dix jours en dix jours , les planètes envoyaient une étoile ſous la terre , qui était renvoyée à ces mondes , pour leur apprendre ce qui ſe paſſe parmi les hommes (*a*); mais toutes ces extravagances ſervaient plutôt de baſe aux rêveries des Aſtrologues , qu'à la théorie des mouvemens céleſtes, perfectionnée par les Aſtronomes.

Et ſi les Caldéens (car l'intelligence humaine allie quelquefois la plus haute ſageſſe avec la plus profonde déraiſon), ſi les Chaldéens , dis-je , avaient, dans

___

(*a*) *Diod. Sicul.* lib. 2. Par. 21.

leurs Livres, mis les dogmes d'une physique monstrueuse à côté des vérités
éternelles de la nature , ce serait une
preuve nouvelle du grand principe qui
sert de base à notre ouvrage : que les
peuples connus de l'Asie n'ont point
créé le corps de Doctrine qu'ils nous
ont transmis , mais qu'ils n'en ont été
que les dépositaires.

Cette conséquence , qui répand un
si grand jour sur les ténèbres du Monde
primitif, résulterait encore de ce que leurs
plus hautes connoissances sont demeurées
tout - à - fait stériles dans la Chaldée ;
telles que la découverte de la période
luni-solaire de 600 ans , & celle de la
révolution des comètes , qui ne se liant
point à un système général dans la tête
des Mages , n'ont pas accéléré d'un pas
la marche lente & pénible de l'astronomie.

L'antiquité nous a transmis les noms
de quelques-uns de ces Astronomes de

la Chaldée, & il faut avouer que les plus célèbres d'entre eux ne foutiennent pas le parellèle avec nos Halley & nos Newton ; l'un eft Otanes, contemporain de Xerxès, qui voyagea beaucoup , & fuivant l'expreffion de Pline, *infecta le monde de fa magie en le parcourant* (*a*). Plufieurs fiècles avant lui, il y avait eu un Hermès (*b*) (ce n'eft point l'Atlante célèbre) qui tirait des horofcopes dans Calovaz , ville de la Chaldée , où il faifait fa réfidence ; Berofe, qu'il ne faut pas confondre avec l'Hiftorien de ce nom , eft le plus fameux de l'école des Mages ; on croit qu'il fervit d'interprète à Belus (*c*) : c'eft lui qui faifait de la Lune une efpèce de balle à jouer, ayant une moitié lumineufe & l'autre d'un bleu célefte, qui fe confon-

---

(*a*) *Hift. Natur. lib.* 30. *cap.* 2.
(*b*) Abulfarage , *Hift. Dynaft.* pag. 7.
(*c*) Sénec. , *Quæft. Natural. lib.* 7.

dait avec l'azur du firmament : opinion étrange , qu'il avait imaginée pour expliquer les phafes de cette planète & fes éclipfes (*a*). Comme il était à la fois Prophète & Aftronome , il avait annoncé que notre globe éprouverait un jour le double fléau d'un déluge & d'un embrafement univerfel ; l'incendie général devait arriver , quand toutes les planètes fe trouveraient en conjonction dans le figne de l'Ecréviffe , & le Déluge , quand elles le feraient dans celui du Capricorne (*b*). Cette prédiction abfurde a été renouvellée au quinzième fiècle par l'Aftrologue Stoffler , qui fûrement n'avait jamais entendu parler de Berofe. *On dirait que le cercle des erreurs humaines renait en finiffant , comme celui des orbites céleftes (c).*

(*a*) Plutarque , *de Placit. Philof. lib.* 2. & Vitruve , *lib.* 9. *cap.* 4.

(*b*) Séneque , *Loc. Citat.*

(*c*) *Hift. de l'Aftron. ancienne* , pag. 138.

Tel est le tableau qu'on peut tracer de l'esprit humain dans Babylone. L'Histoire des Arts y tient très-peu de place, parce que les Monumens & les Livres qui en conſtataient les progrès, ſont preſque également anéantis.

On aurait une bien mauvaiſe idée de leur peinture & de leur architecture, on croirait que leurs Artiſtes manquaient à la fois aux premiers principes de leur art, à la proportion & à la perſpective, ſi on jugeait des antiques chefs-d'œuvres de Babylone, par les ruines de Perſepolis.

Mais il faut être juſte : on ne doit pas nier les monumens du génie Babylonien, parce qu'ils ont été inſenſiblement uſés par la lime des ſiecles; c'eſt ici que la logique doit ſuppléer au ſilence de l'Hiſtoire.

Il eſt évident qu'il y a eu dans Babylone des Sculpteurs & des Peintres d'un ordre ſupérieur, puiſqu'ils ont été vantés par la nation qui a produit des Apelle & des Phidias.

Il est évident que la tour de Belus, les jardins suspendus, le palais des Rois, les murs de Babylone & de Ninive n'étaient point des essais de l'architecture dans son berceau, puisqu'ils ont été l'objet de l'admiration Romaine, lorsqu'elle possédait les jardins de Lucullus, les aqueducs de Tarquin, & le Panthéon.

Les Babyloniens avaient fait des progrès dans tous les Arts qui dépendent du dessin : on cite sur-tout leur addresse à cizeler les métaux ; la coupe de Sémiramis enlevée par Cyrus à la prise de Babylone, est en ce genre un des ouvrages les plus estimés de l'antiquité ; elle était du poids de quinze talens *(a)* : c'est-à-dire, que son poids équivalait à onze livres cinq sols de

______

(*a*) Pline, *Hist. Natur. lib.* 33. §. 15.

ces tems-là (*a*). Des Hiſtoriens qui font métier de tranſcrire & qui ne diſcutent rien, ont cru qu'il s'agiſſait ici du talent poids, & non du talent monnaye, & ils ont écrit que la coupe de Semiramis peſait 900 livres. Aſſurement l'héroïne qui porterait à ſa bouche une coupe de neuf quintaux, eſt plus digne de figurer dans Micromegas, que dans une Hiſtoire des hommes.

Les Artiſtes de la Chaldée avaient des manufactures, où ils exécutaient des ouvrages étonnants pour le luxe; on dit que Caton n'oſait porter, à cauſe de ſa richeſſe, un manteau de Babylone, qui lui avait été laiſſé par héritage (*b*). Lorſque la conquête de Carthage & de Corinthe eut fait refluer dans Rome toutes les richeſſes de l'Orient, on vendit

---

(*a*) Dupré de Saint-Maur; *Eſſai ſur les Monnayes*, pag. 92.

(*b*) Plutarq. *in Vitâ Catonis*.

une tapisserie Assyrienne 155625 liv. de notre monnaye ; il fallait que le tems ne pût endommager ni son tissu, ni ses couleurs, puisqu'un siècle après, Néron en ayant voulu décorer son palais d'or, l'acheta 778315 liv. (*a*). Je doute que le luxe paye jamais un pareil tribut aux chefs-d'œuvres de ce genre, exécutés de nos jours dans la manufacture des Gobelins.

Je voudrais parler de la culture des Lettres dans Babylone, de la facilité de la Langue Chaldéenne à se prêter aux inflexions de la Poésie, de l'adresse avec laquelle l'Eloquence se pliait, pour ne point effaroucher le despotisme, des Théatres élevés dans la ville de Sémiramis ; mais une nuit profonde couvre

---

(*a*) Plin. *Hist. Natur. lib.* 8. *c.* 48. L'évaluation est du savant P. Brotier. Voy. *Nota in Plin.* Edit. de Barbou, tom. 2. pag. 475.

tous ces détails , ſi curieux pour l'eſprit humain ; & le rideau que peut lever la philoſophie , ne doit pas même être en-trouvert par les mains de l'Hiſtoire.

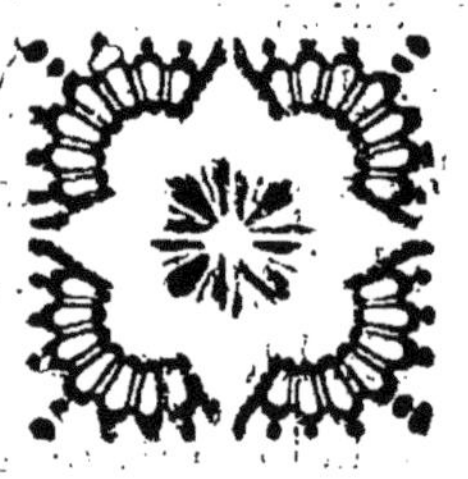

DES HISTORIENS
DE L'ANTIQUITÉ,
QUI ONT TRAITÉ DE L'ASSYRIE.

FIDELLES à nos principes d'écrire sans enthousiasme & sans préjugé, de chercher la vérité au milieu des nuages, dont on l'a couverte depuis tant de siècles, & de la dire avec courage, malgré les Sectaires qu'elle soulève, nous sommes parvenus à composer une Histoire d'Assyrie, qui ne ressemble à aucune de celles qu'on connaît ; nous devons maintenant au public, de justifier l'esprit dans lequel est fait cet Ouvrage. Notre critique impartiale a déja cent fois dans le silence opposé les uns aux autres tous les Ecrivains de l'Antiquité ; il est tems de mettre nos Lecteurs à portée de juger nos jugemens.

Voici, après des mûres réflexions, l'idée que nous nous formons des Historiens de l'Antiquité qui ont travaillé sur l'Affyrie.

HÉRODOTE. — Ce père de l'Hiftoire (car c'eft ainfi que s'exprimait la vanité de ces Grecs , qui fe font approprié l'origine de tout) naquit à Halicarnaffe , ville de Carie , l'année de la mort de la célèbre Artemife. Quand il fut dans l'âge d'apprécier les liens qui l'uniffaient à fa patrie , il la vit courbée fous le joug du defpotifme ; alors fon ame républicaine s'indigna , & il fe retira à Samos , pour y écrire avec cette fage liberté , fans laquelle l'Hiftoire n'eft que l'art de mentir à la nature humaine.

Hérodote compofa dans cet exil honorable une Hiftoire des Grecs & des Perfes , depuis Cyrus le conquérant de

Babylone, jufqu'à la bataille de My-
cale, qui fe donna la huitième année
du règne de Xerxès. Cet intervalle renferme environ fix vingts ans. Il embraffe
les plus beaux moments de Sparte &
d'Athènes ; c'eft un des plus riches fu-
jets pour la plume d'un Ecrivain qui eft
colorifte ; & il faut avouer que prefque tous les Hiftoriens de l'antiquité
l'étaient, ce qui n'a pas pu contribué à
les faire lire, même de ceux qui foup-
çonnaient leur véracité.

Hérodote lut fon Hiftoire devant les
Grecs affemblés aux jeux Olympiques,
& elle y fut accueillie ; comme fon
ftyle plein de douceur, a un charme
fecret, qui entraîne, on crut entendre
les Mufes même, & la diftribution
de l'ouvrage en neuf Livres, prêtant à
cette adulation ingénieufe, chacun
d'eux retint le nom d'une des Mufes.

L'Hiftorien en fit une autre lecture

dans Athènes, à une de ses fêtes les plus solemnelles. Thucydide s'y trouva ; il n'avait alors que quinze ans. A cet âge l'ame neuve encore ne s'ouvre point au poison de la jalousie ; il admira de bonne foi l'ouvrage d'un homme, dont il devait un jour se trouver le rival , & les larmes de plaisir qu'Hérodote lui vit répandre , furent peut-être pour lui la récompense la plus flatteuse de ses travaux.

Hérodote , suivant l'usage des anciens , qui voulaient juger par eux-mêmes des monumens, des mœurs & des hommes, voyagea long-tems pour s'instruire ; il parcourut l'Egypte, la Phœnicie , la Perse, & les plaines du Tygre & de l'Euphrate , couvertes encore des débris de Ninive & de Babylone. Enrichi ainsi des dépouilles de l'Orient , il revint, dans la Grèce , faire part à ses concitoyens de ses découvertes. Alors parut l'Histoire d'Assyrie.

Cette Hiſtoire renfermait tout ce que l'illuſtre voyageur avait pu découvrir des annales de Ninive & de Babylone ; mais le peu d'intérêt que prenaient les Républiques Grecques, à tout ce qui n'était point elles, contribua peut-être à mettre ce Livre dans l'oubli. Les Savans du ſiècle d'Alexandre le liſaient encore (*a*) ; mais après la mort de ce Prince, il ſe perdit entièrement, & aujourd'hui on n'en peut plus juger que par l'eſpèce d'analyſe qu'Hérodote en fait lui même dans ſa grande Hiſtoire.

Cependant la gloire dont Hérodote jouiſſait dans Samos, ne lui avait pas fait oublier la Ville qui l'avait vu naître ; ce mot de *patrie*, qui retentit toujours ſi agréablement dans les ames ſenſibles, ſe fit entendre à l'Hiſtorien de la Grèce, à un âge où ſon cœur com-

---

(*a*) Ariſtote le cite, *Hiſt. animal. lib.* 7. *cap.* 18.

mençait à se fermer à toutes les jouif-
fances. Il revint à Halicarnaffe, exhorta
fes concitoyens à fécouer le joug de
leurs tyrans, les vit libres un moment,
& content d'avoir été le bienfaiteur de
fa patrie, il n'attendit pas que l'envie,
qui s'approchait à grands pas, ofât l'en
punir; il fe retira à Thurium, refte de
l'ancienne Sybaris, & y mourut laiffant
un nom doublement cher aux générations futures, parce qu'il préfentait
l'idée du génie & de la vertu.

La cendre d'Hérodote doit être fatisfaite de l'hommage que nous lui rendons après tant de fiècles; maintenant
il faut n'être que jufte, & pefer fon
ouvrage.

D'abord Hérodote n'eft point le Père
de l'Hiftoire. Denys de Milet, Héca-
tée, Pherecyde, & un grand nombre
d'autres l'avaient précédé dans cette
carrière. Ainfi il n'a pas droit à l'indul-
gence de la poftérité, comme s'il l'avait
ouverte.

On peut dire que les vertus même de cet homme célèbre l'égarèrent dans fa manière d'écrire l'Hiftoire.

Il fe faifait gloire d'être Grec , & on ne s'en apperçoit que trop à fa manie de traiter de barbare tout ce qui n'était pas renfermé dans fon petit archipel.

Sa fierté républicaine le conduit plus d'une fois à calomnier les Rois.

Attaché à toutes les fuperftitions religieufes de fon tems , qu'il ne s'était pas permis de juger, on le voit fans ceffe plier la vérité hiftorique à l'accompliffement de vains oracles ; on s'apperçoit fur-tout de ce projet réfléchi de tromper les hommes , dans le récit qu'il fait de la victoire navale remportée fur la flotte de Xerxès , par celle de Thémiftocle (*a*).

Nous aurons plus d'une fois occafion en traitant des annales Grecques , de

____

(*a*) Hérodote ; *in Urania.*

relever les erreurs de ce père de l'Hiſtoire; il ne faut le conſidérer ici que comme Hiſtorien d'Aſſyrie.

Il eſt vraiſemblable que ſi Hérodote a voyagé en Orient, il n'a pas été à portée d'y recueillir toutes les lumières qui lui étaient néceſſaires pour écrire une Hiſtoire raiſonnée de Ninive & de Babylone ; ſoit qu'il n'ait fait que parcourir ces belles contrées de l'Aſie, ſoit que les Mages, dépoſitaires des connoiſſances Aſſyriennes, n'aient pas voulu en faire part à un étranger, qui paraiſſait être venu moins pour les admirer, que pour les combattre.

On a déja vu dans notre Hiſtoire des Empereurs Medes, le peu de fondement qu'il faut faire ſur l'autorité d'Hérodote, dans le débrouillement de leurs Annales (*a*): ſes erreurs ſur Déjoces,

(*a*) Voyez ſur-tout le chapitre *des Empereurs Aſſyriens, depuis Arbace ;* & celui qui a pour fur la fondation d'Ecbatane , fur la prétendue Démocratie Athénienne , tranfportée dans un pays où il n'y a jamais eu de République.

On ne peut concilier ce qu'il dit de l'Affyrie avec la Tradition univerfelle de l'Orient, qu'en abandonnant toute fa chronologie.

L'antiquité, au refte, a retenti long-tems des cris élevés de toutes parts contre la véracité d'Hérodote.

Denys d'Halicarnaffe , compatriote de cet Hiftorien , l'accufe ouvertement dans une Lettre au grand Pompée , d'avoir plus fongé à amufer les Grecs , qu'à les inftruire ; & à cet égard, il préfère la franchife auftère de Thucydide, aux graces menfongères d'Hérodote.

Le fage Plutarque lui reproche d'avoir cherché à rabaiffer fans motif la

---

titre : *des derniers Princes de la Dynaftie des Empereurs Medes.*

gloire de Thèbes & de Corinthe, d'a-
voir subordonné, à la bataille de Salamine, tous les héros Grecs à son Arté-
mise, & d'avoir calomnié la mémoire
de Thucydide. On peut voir tous les
détails de cette critique (un peu amère)
dans un opuscule du philosophe de Che-
ronée, qui a pour titre, *de la malignité
d'Hérodote.*

Dion Chrysostome va encore plus
loin que Plutarque; il assigne les causes
de cette partialité; il dit que l'Historien alla à Corynthe pour se faire payer
de l'encens qu'il voulait donner à ses
grands hommes; & que les citoyens
refusant d'acheter de la gloire à prix
d'argent, il changea son récit, & accusa
leurs Généraux d'avoir trahi la cause
commune de la Grèce, en fuyant devant Salamine; il cite même à ce sujet
des inscriptions de tombeaux, qui dé-
posent à jamais contre le crime d'Héro-

dote (*a*). Plus ces faits font atroces, moins il nous eft permis de les croire; on peut fe défier des récits d'un Hifto-rien, fans flétrir fa perfonne; & ce n'eft pas fur la foi d'un Rhéteur, enthou-fiafte & jaloux, que la poftérité com-mencera à haïr un écrivain, dont vingt fiècles ont refpecté la mémoire.

Au refte, fi Hérodote a été mal atta-qué, il n'a pas été mieux défendu. Le favant Henry-Etienne, qui a confacré trois volumes de contes à juftifier les contes de cet Hiftorien, n'a pas deftiné trois lignes à l'apologie directe de fon héros; fon Livre n'eft qu'une fatyre déguifée de fon fiècle. Il fe fert du nom d'Hérodote pour invectiver contre fes contemporains, comme autrefois Ta-cite fe fervit du nom des Germains pour faire rougir de fes défordres la Rome des Céfars (*b*).

____

(*a*) Dion Chryfoft. *Orat.* 37.

(*b*) Voici comment s'exprime à cet égard le

En un mot , Hérodote n'eſt point
un guide ſûr , principalement pour

---

plus bel eſprit de ce ſiécle : les Lecteurs , en faveur des faits qu'il cite, lui pardonneront ſes épi-
grammes.

« Quand Henri-Etienne intitula ſa comique
» rapſodie , *Apologie d'Hérodote* , on ſait aſſez
» que ſon deſſein n'était pas de juſtifier les con-
» tes de ce Père de l'Hiſtoire. Il ne voulait que
» ſe mocquer de nous , & faire voir que les
» mœurs de ſon tems étaient pires que celles des
» Egyptiens & des Perſes.... Nous avons
» quatorze éditions de ce Livre; car nous aimons
» les injures qu'on nous dit en commun , autant
» que nous regimbons contre celles qui s'addreſ-
» ſent à nos perſonnes , en notre propre & privé
» nom.

» Henri-Etienne ne ſe ſervit donc d'Hérodote,
» que pour nous rendre odieux & ridicules. Nous
» avons un deſſein tout contraire. Nous préten-
» dons montrer que les Hiſtoires modernes de
» nos bons Auteurs , depuis Guichardin , ſont
» en général auſſi ſages , auſſi vraies que celle
» d'Hérodote eſt folle & fabuleuſe.

» Que veut dire le Père de l'Hiſtoire , dès le
» commencement de ſon Ouvrage. *Les Hiſto-*

l'Hiftoire d'Affyrie ; heureufement cet
écrivain a un rival qui a obtenu le

» *riens Perfes rappórtent que les Phéniciens furent*
» *les auteurs de toutes les guerres. De la mer*
» *Rouge , ils entrèrent dans la nôtre.* Il femble-
» rait que les Phéniciens fe fuffent embarqués au
» golphe de Suez : qu'arrivés au détroit de Ba-
» belmandel , ils euffent cotoyé l'Ethyopie, paffé
» la ligne , doublé le Cap des tempêtes , appellé
» depuis le Cap de Bonne-Efpérance , rencontré
» au loin entre l'Afrique & l'Amérique ; repaffé
» la ligne : entré de l'Océant dans la Méditerra-
» née , par les Colomnes d'Hercule , ce qui
« aurait été un voyage de plus de quatre mille
» lieues, dans un ems où la navigation était dans
» fon enfance.

» La première chofe que font les Phéniciens
» d'Hérodote , c'eft d'aller vers Argos , enlever
» la fille du Roi Inachus ; après quoi les Grecs ,
» à leur tour, vont enlever Europe , fille du Roi
» de Tyr.

» Immédiatement après , vient Candaule , Roi
» de Lydie , qui , rencontrant un de fes foldats
» aux gardes, nommé *Gyges* , lui dit: Il faut que
» je te montre ma femme toute nue : il n'y man-
» qua pas. La Reine l'ayant fu , dit au foldat ,

ſuffrage de la ſaine antiquité ; & quoique ſon Livre ne ſubſiſte plus, ſon

---

» comme de raiſon : il faut que tu meures, ou
» que tu aſſaſſinés mon mari, & que tu règnes
» avec moi ; ce qui fut fait ſans difficulté.

» Suit l'Hiſtoire d'Orion, porté par un mar-
» ſouin ſur la mer, du fond de la Calabre, juſqu'au
» Cap de Matapan , ce qui fait un voyage aſſez
» extraordinaire , d'environ cent lieues.

» De conte en conte (& qui n'aime pas
» les contes ?) on arrive à l'oracle infaillible
» de Delphes, qui tantôt devine que Créſus fait
» cuire un quartier d'agneau & une tortue dans un
» baſſin de cuivre, & tantôt lui prédit qu'il ſera
» détrôné par un mulet.

» Parmi les innombrables fadaiſes dont toute
» cette partie de l'Hiſtoire ancienne regorge , en
» eſt-il beaucoup qui approchent de la famine ,
» qui tourmenta pendant 28 ans les Lydiens ? Ce
» Peuple qu'Hérodote nous peint , plus riche en or
» que les Péruviens , au lieu d'acheter des vivres
» chez l'étranger ; ne trouva d'autre ſecret que
» celui de jouer aux dames , de deux jours l'un »
» ſans manger , pendant vingt huit années de
» ſuite.

» Connaiſſez-vous rien de plus merveilleux, que,

autorité eſt encore aſſez grande pour la peſer dans les balances de l'Hiſtoire.

CTESIAS. (*a*) Il naquit à Cnide, une de ces Villes voluptueuſes de la

---

» l'hiſtoire de Cyrus ? Son grand père le Mede
» Aſtyage, qui, comme vous voyez, avait un
» nom Grec, rêve une fois que ſa fille Mandane
» (autre nom Grec) en ſatisfaiſant à ſes beſoins
» naturels, inonde toute l'Aſie ; une autre fois,
» que de ſa matrice, il ſort une vigne dont toute
» l'Aſie mange les raiſins ; & là deſſus le bon
» homme Aſtyage ordonne à un Harpage (autre
» nom Grec) de faire tuer ſon petit-fils Cyrus ; car
» il n'y a point certainement de grand père qui n'é-
» gorge toute ſa race, après de tels rêves. Har-
» page n'obéit point : alors le bon Aſtyage, qui
» était prudent & juſte, ordonna qu'on maſſacrât
» le fils d'Harpage, & le fit manger à ſon père,
» ſelon l'uſage des anciens héros « Voyez *Queſ-
tions ſur l'Encyclopédie*, édit. de 1771, tom. 4.
pag. 309.

(*a*) Diod. Sicul. *lib.* 2. *Paſſim. Biblioth.* Phot·
Cod. 92. Henri-Etienne *Diſgniſit. Hiſtor. de Cteſia*,
à la tête de ſon édition d'Hérodote ; & Freret,
tome 7, de l'édit. *in-*12 *des Mémoires de l'Acad.
des Belles-Lettres.*

Grèce, qui, dans la langue des Poètes, ſervait d'appanage à Venus. Il accompagna le jeune Cyrus dans ſa malheureuſe expédition contre ſon frère Artaxerxe, & y fut fait priſonnier. Le vainqueur ayant été bleſſé dans le combat, Ctéſias le guérit, & par reconnaiſſance, fut nommé Médecin des Rois de Perſe. Il paſſa 17 ans entiers à la cour de Suze, & la grande conſidé‑ dération dont il y jouit, lui procura diverſes négociations délicates avec la République d'Athènes, & les Rois de Salamine & de Lacédemone.

Le long ſéjour de Ctéſias dans la Perſe ne fut pas inutile aux Lettres; il y compoſa une Hiſtoire des Monarchies de l'Orient, qui commençait au règne de Ninus, & finiſſait à la défaite du jeune Cyrus; elle était diviſée en vingt‑trois Livres, dont les ſix premiers renfermaient les annales Aſſyriennes, & les autres, celles des Perſes. L'ouvrage en‑

tier était terminé par un voyage d'E-
phèfe à Bactra , par un itinéraire de
l'Inde , & par un catalogue des Rois de
l'Orient , depuis Ninus jufqu'à Artaxerxe.

Cette grande Hiftoire n'eft point parvenue jufqu'à nous. Il ne nous refte
qu'un abrégé des fix premiers Livres
dans Diodore , & un extrait des dix-fept
autres dans la bibliothèque de Photius.

Ces extraits , ces abrégés ne font que
l'ombre de Ctéfias fans doute ; mais ils
deviennent pour nous du plus grand
prix , parce qu'ils nous fervent d'objet
de comparaifon pour apprécier Hérodote , Thucydide & Xénophon : c'eft
le creufet , pour ainfi dire , ou s'é-
purent prefque toutes les anciennes
Hiftoires.

Ctéfias n'eft point un Ecrivain vulgaire. Un féjour de 17 ans à la cour des
Rois de Perfe , la langue du pays dont
fes places l'avaient obligé de s'inftruire ,

la part qu'il eut aux affaires publiques
de son tems , tout concourt à donner
le plus grand poids à son témoignage.
Cet Historien, pour mériter autant qu'il
était en lui la confiance publique , se
fit ouvrir les archives Persannes , dépôt
sacré des annales de la nation , & en
tira les matériaux de son ouvrage. Ce
devait être un monde tout nouveau
pour les Grecs , accoutumés , par leurs
préjugés, à ne voir le génie & la gloire
que sur le petit point du globe qu'ils
habitaient ; mais telle était l'opinion
générale sur la véracité de Ctésias , qu'on
adopta son Histoire , comme la seule
qui donnât une idée exacte des Monarchies de l'Orient. On ne craint point
d'avancer , qu'à cet égard le Livre de
Ctésias est devenu le Livre classique de
l'antiquité.

Diodore, le judicieux Diodore, avait
sous les yeux les écrits d'Hérodote &
ceux de Ctésias. Il les avait pésés dans

ſes balances impartiales : & Ctéſias lui ayant paru ſeul digne de foi, il avait fait de ſes annales de l'Orient la baſe de ſon Hiſtoire univerſelle.

Il eſt évident, en effet, par l'examen réfléchi du ſyſtême hiſtorique du médecin d'Artaxerxe, que ſa chronologie eſt la ſeule qui, en étendant la durée des Monarchies de l'Orient, explique la gradation naturelle des progrès de l'eſprit humain dans Ninive & Babylone. Les Aſſyriens d'Hérodote ſont ces Titans de la Mythologie Grecque, qui naiſſent avec une taille coloſſale ; pour les Aſſyriens de Ctéſias, ce ſont des hommes heureuſement organiſés, qui paſſent, comme nous, par le période de l'enfance, pour paſſer à celui de la puberté, & finir par celui de la décrépitude.

Cette chronologie a été adoptée par Caſtor, par Trogue Pompée, par Velleius Paterculus, par Euſebe, & par

le Syncelle. Deux Pères de l'Eglise, célèbres par leur érudition, S. Jérôme & S.
Auguftin, l'ont cru digne de foi (*a*):
& pour la renverfer, il me femble qu'il
faut faire le procès à toute l'antiquité.

Je ne me diffimule pas cependant que
dans les beaux fiècles de Périclès &
d'Augufte, on s'eft permis quelquefois
de ranger les fables de Ctéfias à côté de
celles d'Hérodote; mais cette critique
ne tombe que fur un *voyage de l'Inde*,
attribué au médecin d'Artaxerce, & non
fur fa grande Hiftoire de l'Orient.
Ariftote, qui cenfure fa defcription des
animaux Indiens (*b*), adopte fon por-
trait de Sardanapale (*c*); Strabon, qui le
met, pour l'autorité de fes voyages,

(*a*) Voyez la Préface de la Vulgate & *la Cité
de Dieu*, *lib*. 18. *cap*. 20.
(*b*) *Hift. animal. lib*. 8. *cap*. 28.
(*c*) *Ethic. lib*. 1. *cap*. 3.

en parallèle avec Hérodote (*a*) le croit véridique, en qualité d'Hiſtorien de l'Aſſyrie (*b*). Ces deux points de vue, ſous leſquels on enviſage Ctéſias, ſont très-différens ; & ſi la mauvaiſe foi s'eſt plu de tems en tems à les confondre, il eſt du devoir de l'Hiſtorien de le dire, dût-il encourir la haîne de ceux qui ont un grand intérêt à ſapper tous les fondemens de l'Hiſtoire !

CEPHALION. — Cet écrivain naquit dans la Troade (*c*), & travailla en Sicile, où on l'avait exilé (*d*). Voilà tout ce qu'on ſait de ſa perſonne. Il compoſa une Hiſtoire univerſelle, qui commençait au règne de Ninus, & qui ſe terminait à la mort d'Alexandre.

(*a*) *Géograph. lib.* 11.
(*b*) *Ibid. lib.* 16.
(*c*) Strabon, *Géograph. lib.* 13. Denys d'Halic. *Antiquit. Roman. lib.* 1.
(*d*) *Biblioth. Phot. cod.* 63.

Elle était divisée en neuf Livres, dont chacun portait le nom d'une Mufe, à l'exemple d'Hérodote. Ses Annales Affyriennes étaient écrites fur les Mémoires de Créfias ; on peut en juger par un long fragment, inféré par Eufèbe dans fa chronique Grecque, & tranfcrit par le Syncelle. Si quelque chofe pouvait contribuer à aggraver notre douleur fur la perte de l'Hiftoire univerfelle de Cephalion, c'eft le nombre étonnant de Mémoires, qui avaient fervi à cet écrivain pour la rédaction de fon ouvrage. Il prétend qu'il avait compofé fon premier Livre fur 570 volumes, le fecond fur 208, le troifième fur 600, & le quatrième fur 850 (*a*). On voit qu'à cette époque, le monde n'était pas tout-à-fait fi jeune qu'on le fuppofe, quand on juge de

---

(*a*) Photii *Myriobyblon. feu Bibliotheca,* Cod. 68.

la nature par notre petite chronologie.

Il faut obferver encore , par rapport
à l'Hiftoire Affyrienne de Ctéfias , adoptée par Céphalion , qu'on retrouve
auffi ce fameux écrivain de Cnide, dans
quelques textes de Bion , d'Alexandre
Polyhiftor , de Thallus , de Caftor &
d'Apollodore : comme fi l'antiquité entière n'avait pu parler de l'Affyrie , fans
fe faire l'interprète de Ctéfias !

BEROSE. — C'était un Chaldéen
qui écrivit l'Hiftoire de fa Patrie , lorfqu'elle n'exiftait plus comme patrie.
Babylone alors avait reçu le joug des
fucceffeurs d'Alexandre. Quelques-uns
de fes monumens étaient encore debout;
mais fa gloire anéantie , ne femblait fe
conferver que dans les écrits de quelques Grecs , & dans la tradition orale de
l'Orient.

L'Hiftoire de Babylone de Berofe eft
dédiée au Souverain , fous le règne du-

quel il vivait , à Antiochus Theos.
Elle contenait les Annales Chaldéennes , liées aux obſervations aſtronomiques , pendant l'intervalle de 480 ans
(*a*) Ce monument précieux a péri ; il
ne nous en reſte que quelques fragmens
que Joſephe & Euſebe nous ont con-
ſervés ; car le *Beroſe* d'Annius de Vi-
terbe eſt évidemment l'ouvrage d'un
impoſteur , qui a pris un nom célèbre ,
pour couvrir l'obſcurité du ſien.

Beroſe , comme preſque tous les
Mages de ſon pays , uniſſait les connaiſſances ſublimes de l'Aſtronomie ,
aux rêveries abſurdes de l'aſtrologie
judiciaire. Au reſte , le hazard le ſervit ſi bien à Athènes dans ſes horoſco-
pes , qu'on lui érigea une ſtatue avec
une langue d'or , dans le Gymnaſe (*b*).

(*a*) Plin. *Hiſt. Natur. lib.* 7. *cap.* 56.
(*b*) Plin. *Hiſt. Natur. lib.* 7. *cap.* 37.

Cette langue d'or convenait plus à l'Hiſtorien qu'à l'Aſtrologue.

ABYDENE. — On connait de cet écrivain, le titré d'une Hiſtoire de la Chaldée; l'ouvrage même a été anéanti. Le tems deſtructeur n'a épargné qu'un petit nombre de fragmens, noyés dans les diſſertations péſamment érudites de Scaliger (*a*). Tout ce qu'on ſait de la perſonne d'Abydene, c'eſt qu'il écrivit peu de tems après Beroſe, & qu'il tira un grand parti de ſon ouvrage.

DIODORE. — Cet Hiſtorien, dit Pline, fut le premier des Grecs qui ceſſa d'écrire de pompeuſes bagatelles, *primus apud Græcos deſiit nugari Diodorus* (*b*). Ce jugement de Pline, confirmé par les ſiècles, nous engage à nous arrê-

---

(*a*) Voyez ſon Livre *de emendatione Temporum.*

(*b*) *Hiſt. Natur. du Profat.*

ter quelques momens, fur un des chefs des Hiftoriens philofophes.

Diodore naquit en Sicile, au commencement de ce beau fiècle de lumières, à qui l'adulation a fait donner le nom de fiécle d'Augufte. Il fe rendit à Rome de bonne heure, & employa trente ans à compofer fon Hiftoire univerfelle. La grandeur de l'empire ne contribua pas peu au fuccès de fon entreprife. De routes les extrémités de notre continent, on accourait à Rome; & en général, les Lettres avaient établi la correfpondance la plus intime entre le centre du monde, & tous les points de la circonférence.

Cependant, il eft des hommes, des monumens même, qu'on ne connait point pas les Livres; il faut des yeux, & des yeux philofophiques pour pouvoir en juger. Diodore, perfuadé de ce principe, entreprit de grands voyages; il parcourut une bonne partie de l'Afie

& de l'Europe. L'Egypte fut l'unique
contrée qu'il vit en Afrique ; mais auffi
c'était la feule qui méritât fes regards ,
depuis qu'il n'y avait plus d'hommes
dans Carthage.

Diodore fit enfin ufage de fes vaftes
recherches , & compofa fa grande Hiftoire. Comme fon principal objet avait
été d'y faire entrer l'extrait des ànnales
de toutes les nations , il eut la modef-
tie de ne lui donner que le titre de
Biliothèque hiflorique. La poftérité , plus
jufte , connait cet ouvrage fous le vrai
nom qui lui convient , fous celui d'*Hif-*
toire univerfelle.

Le grand ouvrage de Diodore contenait originairement quarante Livres ,
dont les fix premiers , peu fufceptibles
de chronologie , étaient deftinés à
l'Hiftoire incertaine des tems , qui
avaient précédé la guerre de Troye :
& les trente-quatre autres renfermaient
les annales du monde , pendant l'efpace

de onze cents trente-huit ans , c'est-à-
dire , jufqu'à l'époque des conquêtes de
Jules-Céfar.

Cette Encyclopédie de l'Hiftoire n'eft
point parvenue en entier jufqu'à nous.
Nous n'avons que quinze Livres des quarante qui la formaient , & encore ne fe
fuivent-ils -pas ; il y a une lacune de fix
Livres entre le fixième & le onzième.
Pour les vingt derniers , on ne les connait que par un petit nombre de fragmens , épars dans Eufebe & dans
Photius.

Il y eut , au commencement du fiècle
dernier , un moment de joie peu commune dans l'Europe favante ; ce fut
lorfqu'Henri-Etienne annonça que Diodore exiftait tout entier dans un coin de
la Sicile. Les bons efprits fe flattèrent
dès-lors de connaître le monde primitif, fi défiguré dans nos Hiftoires uni-
verfelles vulgaires ; mais cette lueur
d'efpérance s'évanouit prefqu'auffi-tôt

qu'elle avait été formée. Toutes les recherches faites en Sicile, furent vaines, & Diodore est anéanti sans doute, si on ne le retrouve pas sous les laves d'Herculanum.

L'Histoire de Diodore est en général le meilleur ouvrage qui nous reste, sur les annales primitives des peuples de l'Orient.

Je ne vois rien, dans toute l'antiquité, de si sage que ce qu'il a écrit sur la Mythologie; il n'y a pas plus de philosophie dans les écrits de Cicéron & du Disciple de Socrate. C'est peut-être pour cette raison, que le sage la Motte-le-Vayer appellait les cinq premiers Livres de Diodore, la *Bible du Paganisme* (a).

Il a eu le bon esprit de ne choisir, dans les Historiens qu'il analysait, que

____

(a) *Œuvres de la Motte le Vayer*, tome IV, seconde Partie, pag. 57.

les faits dignes d'être tranſmis aux géné-rations futures ; perſuadé que tous les petits détails dont s'énorgueillit une érudition minutieuſe, ne ſont pas faits pour occuper la mémoire des hommes.

Il n'a mis aucun préjugé national dans le choix des matériaux de ſon Hiſtoire univerſelle ; auſſi, on ne s'ap-perçoit pas qu'il eſt Grec, par le mal qu'il dit des barbares, mais ſeulement par ſa ſupériorité ſur eux en fait de lumières.

Sans lui, nous n'aurions point les débris précieux des ouvrages de Ctéſias ; ainſi il nous manquerait une Hiſtoire de Perſe & de Babylone.

On lui a reproché, je le ſais, d'a-voir omis, dans ſes annales, pluſieurs Archontats d'Athènes & pluſieurs Con-ſulats de Rome. Des Savans minutieux lui ont même fait un crime de n'avoir pas marqué expreſſément, ſi les années de ſes faſtes étaient Archontiques ou

Confulaires , erreur qui fe réduit à laiffer douter fi ces années commencent l'été ou l'hyver ; mais qu'importent au progrès de l'efprit humain , ces tâches légères , qu'un coup de plume du plus mince chronologifte peut faire difparaître ?

Quand aux autres reproches que le fcepticifme de ce fiècle a pu faire à Diodore , on ofe dire qu'ils n'ont point de fondement (*a*). Il eft vrai que ce

---

(*a*) Le Sceptique la plus ingénieux de ce fiècle (je ne dis pas le plus exact) a fait , après Candide , la Princeffe de Babylone , & Micromégas , beaucoup de contes fur Diodore. Il faut les relever avec franchife ; j'aime fa mémoire, mais moins que la vérité.

« Tout ce que dit Diodore , fept fiècles après » Hérodote , eft erroné dans ce qui regarde les » Antiquités & la Phyfique. L'Abbé Terraffon » nous difait: je traduis le texte de Diodore dans » toute fa turpitude. Il nous en lifait quelque- » fois des morceaux ; & quand on riait , il di- » fait, vous verrez bien autre chofe. Il était tout » le contraire de Dacier ».

célèbre écrivain n'a point porté atteinte indifferemment à tous les objets de la

---

La Phyſique de Diodore était celle de ſon ſiècle. Il n'était pas obligé de deviner Paſchal & Newton. Pour ſes antiquités , c'eſt peut-être l'ouvrage de ce genre, où il y a le plus de ſaine critique , de raiſon, & de lumières.

J'ignore en quoi conſiſte la *turpitude* d'un des écrivains les plus chaſtes de l'antiquité. S'il s'agit ici d'abſurdes préjugés , qu'on tranſmet aux générations futures , Diodore, en qualité d'Hiſ-torien des Nations , a dû en tracer le tableau. Il n'y a ni *turpitude* à les raconter en Grec, ni *tur-pitude* à les traduire en Français.

On riait des morceaux qu'il liſait. Je veux croire que ce n'était pas de la naïveté du Traduc-teur ; mais perſonne n'ignore, qu'il n'y a aucun ouvrage , ſoit parmi les Anciens , ſoit parmi les Modernes , qui ne prête à rire à un Lucien : c'eſt-à-dire, à un de ces Sceptiques ingénieux, qui ont l'art de ne ſaiſir , dans un objet , que la face ridicule. Il eſt probable qu'il y avait plus d'un Lucien dans la ſociété du critique de Diodore.

« Le plus beau morceau de Diodore, eſt la » charmante deſcription de l'Iſle Panchaye, » *Panchaïca tellus* , célebrée par Virgile. Ce ſont » des allées d'arbres odoriférans, à perte de vue :

croyance humaine ; mais c'eſt qu'en qualité d'Hiſtorien , il a du balancer les

----

» de la myrhe & de l'encens , pour en fournir
» au monde entier, ſans s'épuiſer : des fontaines
» qui forment une infinité de canaux bordés de
» fleurs : des oiſeaux, ailleurs inconnus , qui
» chantent ſous d'éternels ombrages : un temple
» de marbre , de quatre mille pieds de lon-
» gueur , orné de colonnes & de ſtatues co-
» loſſales «.

D'abord , on ne s'attend guères à voir revo-quer en doute la véracité d'un Hiſtorien , parce qu'il parle d'arbres odoriférans , d'oiſeaux & de fontaines. Il n'y a rien là que de très-na-turel. L'augure de Rome qui coupe un cail-lou avec ſon raſoir ; ſa Veſtale , qui met un vaiſſeau à flot avec ſa ceinture , ont un peu moins de droit à notre croyance ; & cependant on n'a pas mis encore au rang des *menſonges imprimés*, les Décades de Tite-Live.

Obſervons de plus que le critique ne s'élève contre l'imagination de Diodore , que parce qu'il lui prête la ſienne. On ne voit point dans l'Hiſtorien , cette abondance de *myrhe & d'en-cens aſſez grande pour en fournir au monde entier*: on y lit ſeulement que *l'encens s'y recueil-lait en ſi grande quantité , qu'il y en avait aſſez*

opinions, pefer les autorités, & marcher fans ceffe entre le pythonifme & la crédulité.

---

pour le culte qu'on rendait par toute la terre aux Immortels. — Diodore ne parle point d'un *temple de marbre , de quatre mille pieds de longueur ;* mais feulement d'un vafte édifice confacré à Jupiter, *de deux arpens de longueur, & conftruit tout entier de pierres , qui avaient la blancheur du marbre.* L'arpent étant de trente toifes, le calcul ne donne que 360 pieds au temple de Jupiter.

« Cette defcription me fait fouvenir du Duc » de la Ferté , qui ... difait un jour à l'Abbé » Servien: Ah ! fi vous aviez vu mon fils, qui eft » mort à l'âge de quinze ans ! quels yeux ! quelle » fraîcheur de teint ! quelle taille admirable ! » L'Antinoüs du Belvedere n'était, auprès de » lui, qu'un magot de la Chine. Et puis, quelle » douceur de mœurs ! Faut-il que ce qu'il y a » jamais eu de plus beau m'ait été enlevé ! L'Abbé » Servien s'attendrit ; le Duc de la Ferté s'échauf- » fant par fes propres paroles, s'attendrit auffi. » Tous deux enfin fe mirent à pleurer. Après » quoi , il avoua qu'il n'avait jamais eu de » fils ».

De tous les écrivains qui ont entrepris des Histoires universelles, Diodore

---

Ce conte est amené, comme on amene les contes. Assurement l'imagination de Diodore n'est pas de nature à s'exalter pour son propre ouvrage ; il suffit de lire trois pages de cet Historien, pour voir qu'il ne s'échauffera jamais ; il voit tout de sang froid, & présente tout de même à ses Lecteurs.

« Gardez - vous des contes bleus en tout » genre ».

On voit bien que je m'en garde.

« Diodore de Sicile fut le plus grand compila-» teur de ces contes. Ce Sicilien n'avait pas un » esprit de la trempe de son compatriote Archi-» mede, qui chercha & trouva tant de vérités » mathématiques ».

Diodore aime si peu à compiler des contes, qu'il a le courage de ne point transcrire ceux d'Hérodote, qui avaient le suffrage des siècles. Pour sa trempe d'esprit, elle était assez forte, si on en juge par l'architecture générale de son grand ouvrage L'Historien & le Géomètre ont chacun une trempe d'esprit qui leur est propre. Diodore n'aurait probablement pas résolu le problême de la *couronne* d'Archimede ; mais aussi

me semble celui qu'on peut , à plus
juste titre , propoſer pour modèle ; &

Archimede n'aurait pas fait l'Hiſtoire univerſelle
de Diodore.

« Diodore examine ſérieuſement l'Hiſtoire des
» Amazones, & de leur reine Myrine ; l'Hiſtoire
» des Gorgones , qui combattirent contre les
» Amazones , celles des Titans , celle de tous
» les dieux ; il approfondit l'Hiſtoire de Priape
» & d'Hermaphrodite. On ne peut donner plus
» de détails ſur Hercule : ce héros parcourt tout
» l'hémiſphère , tantôt à pied & tout ſeul comme
» un pélerin , tantôt comme général d'une
» grande armée. Tous ſes travaux y ſont fidel-
» lement diſcutés ; mais ce n'eſt rien en compa-
» raiſon de l'Hiſtoire des dieux de Crète.

» On voit comment Jupiter alla combattre des
» géants , les uns dans ſon île , les autres en
» Phrygie , & enſuite en Italie & en Macé-
» doine.

» Aucun des enfans qu'il eut de ſa ſœur Junon
» & de ſes favorites , n'eſt omis.

» On voit enſuite comment il devint dieu &
» dieu ſuprême.

» C'eſt ainſi que toutes les Hiſtoires anciennes
» ont été écrites ; ce qu'il y a de plus fort , c'eſt
» qu'elles étaient ſacrées ; & en effet , ſi elles

fi l'on m'accufe ici d'enthoufiafme, on le pardonnera aifément à un rival, qui court la même carrière.

>> n'avaient pas été facrées, elles n'auraient jamais >> été lues<<. *Queftions fur l'Encyclopédie*, tom. 4. Article *Diodore de Sicile.*

La nature de cet ouvrage ne comporte pas une difcuffion étendue fur tous ces points d'Hiftoire; pour relever tout ce qui mérite de l'être dans ce peu de lignes, il faudrait un volume.

C'eft un Diodore à la main que les hommes d'un fens droit, & qui n'ont époufé aucune fecte, peuvent apprécier toutes ces imputations du fcepticifme. Je me contenterai d'obferver qu'il n'y a aucun écrivain dans l'antiquité, qui ait plus cherché à enlever l'écorce fabuleufe de la Mythologie primitive, pour découvrir le noyau hiftorique qu'elle renferme. Il a rendu raifonnables les exploits des Amazones, il a donné un fens naturel à plufieurs des travaux d'Hercule : l'Hiftoire même, grace à fes recherches philofophiques, peut adopter la vie de fon Jupiter.

J'ai eu occafion, dans l'Hiftoire des Atlantes, de m'étendre fur Myrine, fur Hercule & fur Jupiter; mon principal garant a été Diodore, & affurément on n'accufera pas ma plume pufillani-

PTOLEMÉE. — On ne parle ici de ce fameux Aftronome Egyptien, qui illuftra le fiècle d'Antonin & de Marc-Aurele, qu'à caufe de fon Canon chronologique des Rois d'Affyrie, qui a donné lieu à l'ere de Nabonaffar; ere qui prouve bien la grande confidération de la poftérité pour Ptolemée; car aucun écrivain n'aurait imaginé de faire fervir d'époque à l'Hiftoire, le règne d'un frénétique, qui tenta, comme le calife Omar, d'en détruire tous les monumens. Le canon de Ptolemée ne

---

me d'avoir été guidée par la crédulité. On ne foupçonnera pas un Hiftorien du dix-huitième fiècle, d'avoir propofé aux cultes des peuples, les contes bleus de l'ancienne Mythologie.

Le critique de Diodore fut un grand homme; mais les erreurs de fes ouvrages immortels doivent être relevées. Sa cendre n'a pas befoin, pour recevoir l'hommage qui lui eft dû, d'un vain tribut d'adulation, qui nuirait aux générations que nous voulons inftruire.

jette la lumière , que dans la derniere période des Monarchies Affyriennes ; car Nabonaffar , qu'on fait vivre il y a 2527 ans , eft un des derniers fouverains de Babylone.

MAR-IBAS. — Le Préfident de Broffes nous a donné des détails curieux fur ce Traducteur des annales de Ninive , connu feulement depuis un petit nombre d'années , grace aux recherches laborieufes de quelques Savans d'Angleterre (a).

Moyfe de Chorene rapporte , fuivant cet écrivain , qu'Arface-le-Grand , roi des Parthes , ayant établi fon frère Val-Arface , viceroi d'Arménie , celui-ci , curieux de connoître les antiquités de la Nation qu'il allait gouverner , envoya un favant Syrien , nommé *Mar-Ibas* , pour confulter les manufcrits de la Bi-

____

(a) Voyez la petite édition des *Mémoires de l'Académie des Belles-Lettres* , tom. 46. pag. 38.

bliothèque de Ninive. La négociation
réuſſit, & Mar-Ibas découvrit un volume Grec, au devant duquel on liſait
ces mots : « Ce Livre a été traduit du
» Chaldéen en Grec, par l'ordre d'A-
» lexandre. Il contient l'*Hiſtoire ſincère*
» *de l'Antiquité*, qu'il commence à
» Zervan, Titan & Apétoſthes ; on y
» trouve le dénombrement de tous les
» hommes célèbres de la race de ces
» trois Princes, durant une longue ſerie
» de ſiècles «. Le docte Syrien tira de
cet ouvrage l'Hiſtoire de l'Arménie,
& la rapporta écrite en Grec & en Sy-
riaque à Val-Arſace, qui conſerva avec
ſoin le manuſcrit dans ſon palais, &
fit graver, ſur une colonne de marbre,
les principaux faits de cette Hiſtoire.
Moyſe de Chorene annonce qu'il prend,
dans l'extrait de Mar-Ibas, le catalogue des rois d'Arménie, juſqu'au ſiècle
du Chaldéen Sardanapale.

Cette anecdote fait naître une foule

de réflexions ; contentons-nous de pré-
fenter celle qui peut fervir à juftifier
notre manière philofophique d'écrire
l'Hiftoire.

L'Hiftoire originale de Ninivè, qui
a fervi à Mar-Ibas, n'exifte plus. Les
Livres de Berofe, d'Abydene, de Cephalion, font anéantis. Ctéfias n'eft
parvenu à nous, que par les extraits de
Diodore : & en général, le catalogue
des Hiftoriens de l'Affyrie, femble bien
plus propre à nous rappeller nos pertes,
qu'à étendre le cercle de nos connaiffances.

Si, fans nous arrêter à un coin de
l'Orient, & à l'âge d'une feule Monarchie, nous embraffons, d'une vue générale, le monde connu, & l'intervalle
de tous les fiècles, notre imagination
attriftée fe repofe encore plus pénible-
ment fur le néant de nos connaiffances.

Que de monumens litéraires perdus
depuis le fiècle de lumières des Atlan-

tes , jufqu'à l'*Hiftoire fincère* de Ninive !
& de-là , jufqu'à l'époque de l'invention
de l'imprimerie , époque qui a donné
une nouvelle face à l'Hiftoire , en mettant le fceau de l'immortalité aux productions du génie , ainfi qu'aux fottifes
humaines ! Cette difette d'écrivains
originaux laiffe de grands vuides dans
les annales des premiers peuples ; notre
refpect pour la vérité ne nous a pas permis de les remplir ; mais du moins,
avec un peu de logique, & beaucoup
de patience , nous avons réuffi à porter
des fils de communication d'une extrémité à l'autre de ces vuides , de forte
que tout eft lié dans notre Hiftoire des
hommes. Voilà tout ce qu'on peut attendre du Philofophe qui , jetté dans une
plage inconnue , veut , fur quelques
vaines infcriptions de tombeaux , qu'il
déchiffre , écrire l'Hiftoire du pays où il
'a fait naufrage.

SUPPLEMENT,
OU
HISTOIRE DE L'ASSYRIE,
SUIVANT LA BIBLE.

LES Affyriens jouent un grand rôle dans les Livres facrés des Juifs. Le voifinage de cette Puiffance formidable ne pouvait qu'allarmer le peuple de Dieu , toujours fon ennemi , & très-fouvent fon efclave. Il avait cherché dans fon Hiftoire à connaître le fecret de fa force , & à la rendre inutile. Les plus grandes lumières qui lui vinrent à cet égard , tirent leur origine de la captivité de Babylone.

Mais cette Hiftoire d'Affyrie , telle qu'elle eft dans la Bible , ne forme point un ouvrage fuivi. Les règnes des Souverains n'y font point enchaînés les uns aux autres ; & les écrivains facrés ne parlent de Ninive & de Babylone, qu'autant que leurs annales font liées avec celles de Jérufalem.

Obfervons encore que l'Affyrie de la Bible & l'Affyrie de Ctéfias & d'Hérodote font deux mondes totalement diftingués. Les Rois n'ont pas les mêmes noms en Judée , & dans le refte de la terre. Les faits ne fe rapportent point. Les deux chronologies n'ont pas la même bafe , & quand on lit tour à tour les deux Hiftoires , on fe croit tranfporté de l'Afie aux terres auftrales.

J'ai employé plufieurs années de ma jeuneffe à concilier cette Affyrie de la Bible , avec celle des Grecs. Tous mes travaux ont été infructueux ; il n'a réfulté de mes longues veilles , qu'un cahos d'idées contradictoires, de dates mal liées , de conjectures frivoles , & de paradoxes.

J'aurais dû cependant être éclairé par le peu de fuccès des tentatives faites à cet égard par les le Clerc, les Bochart, les Fourmont, les Freret & les Newton, & ne point me précipiter en aveugle dans une carrière, où étaient empreintes, à chaque pas, les chûtes de mes maîtres.

L'âge, en mûriffant mes idées, m'a amené au feul parti qui me refte. Pour être à la fois impartial & circonfpect, j'écris à part les deux Hiftoires, fans les lier & fans les confondre ; par ce moyen, je ne m'expofe point à altérer les textes de Ctéfias & d'Hérodote, pour les plier à l'interprétation de la Bible ; & ce qui ferait bien plus dangereux encore, je ne cours pas le danger d'altérer les textes de la Bible, pour les plier à l'interprétation de Ctéfias & d'Hérodote.

Conformément à ce fyftême, l'Hiftoire profane des Affyriens, qui embraſſe les différentes périodes de leur Monarchie, depuis ſon origine, juſqu'à ſa décadence, a dû être traitée dans le plus grand détail; tandis que l'Hiſtoire ſacrée de ce peuple, bornée à un petit nombre d'événemens, ſera renfermée dans quelques pages.

J'ai pu, en analyſant les Hiſtoriens Grecs & Latins, balancer leurs autorités, diſcuter leurs opinions, & porter le flambeau de la critique autour des faits qu'ils haſardent; mais les Hiſtoriens Hébreux étant d'un ordre ſupérieur, je dois me contenter de les tranſcrire, ſans avoir ni la témérité de les combattre, ni l'orgueil de les défendre.

NINIVE semble paraître, pour la première fois, dans la Bible, à l'époque de la prophétie de Jonas.

Cette fameuse métropole d'Assyrie était alors la plus grande Ville de l'Orient. Il fallait trois jours pour la traverser (*a*). Sa population répondait à son étendue. On y voyait cent vingt mille personnes qui ne savaient pas discerner leur main droite d'avec leur main gauche (*b*).

Dieu, irrité contre cette Ville superbe, commanda à Jonas d'aller lui prédire sa destruction. Le prophète, au lieu d'obéir, monta sur un vaisseau, qui faisait voile vers Tharsis. La vengeance suivit le crime de bien près.

(*a*) *Jonas, cap.* 3. ℣. 3.
(*b*) *Ibid. cap.* 4. ℣. 11.

Une tempête affreufe s'éleva au fortir du port ; Jonas, pour fauver les paffagers , leur confeilla de le jetter dans la mer ; ils le firent, & les flots s'appaisèrent (*a*).

Mais le Seigneur avait préparé un grand poiffon , qui reçut Jonas , & le tint renfermé dans fes entrailles trois jours & trois nuits (*b*). Le prophète, du fond de ce cachot animé , addreffa fa prière au ciel , qui l'exauça , & le poiffon le vomit fur le rivage (*c*).

Jonas fe rendit à Ninive, & après y avoir marché une journée , il s'écria : *Encore quarante jours , & cette Ville fera renyerfée (d*).

Le roi Affyrien , inftruit de cette prédiction , defcendit de fon trône , fe

---

(*a*) *Jonas, cap.* 1. *Paffim.*
(*b*) *Ibid cap.* 2. ℣. 1.
(*c*) *Ibid. cap.* 2. ℣. 11.
(*d*) *Ibid. cap* 3. ℣. 4.

couvrit d'un fac, & s'affit fur la cendre. Il ordonna enfuite, par un édit folemnel, qu'on fit jeûner les hommes & les bêtes. Ce repentir toucha le ciel ; fon courroux s'appaifa, & Ninive ne fut point renverfée (*a*).

On ignore quel était ce Roi religieux, qui defcendit ainfi de fon trône pour fléchir le Dieu de Jonas.

Le premier monarque Affyrien que nomme la Bible, eft Phul ; il parut chez les Hébreux, pour les rendre tributaires.

Le roi de Samarie était alors Manahem. Ce prince, le plus atroce des guerriers, venait de prendre une Ville de Thapfa ; & parce qu'elle n'avait pas ouvert fes portes au commencement du fiège, le vainqueur y avait tout paffé au fil de l'épée, *fans épargner les femmes*

____

(*a*) *Ibid. cap.* 3. *Paffim.*

grosses , auxquelles il avait fait fendre le ventre (a).

Phul fut probablement le vengeur de Thapsa. Manahem le voyant à la tête d'une armée , prêt à fondre sur ses Etats , conjura l'orage , en donnant au roi d'Assyrie mille talens d'argent , & en mettant Samarie sous sa protection (b).

Samarie voulut , long-tems après , sécouer le joug des Assyriens ; mais un Teglathphalasar , qui régnait alors dans Ninive , entra dans Israël , s'empara de toutes les places qu'il voulut assieger , & emmena leurs habitans en captivité (c).

C'est à cette époque , que l'Histoire de Jérusalem se trouve liée avec celle de Ninive. Achaz , qui régnait sur les

______

(a) *Reg. lib.* 4. *cap.* 15. ℣. 16.
(b) *Ibid.* ℣. 19.
(c) *Ibid.* ℣. 29.

Juifs , envoya une ambaſſade ſolemnelle à Teglathphalaſar , & acheta ſon alliance , en pillant le temple du Seigneur , dont il lui offrit les dépouilles (*a*).

Oſée , roi d'Iſraël , n'imita point Achaz. Il tenta de briſer les fers de Samarie ; mais ſon pouvoir n'égalait pas ſon courage. Salmanazar , qui ſe trouvait alors ſur le trône de Ninive , s'empara de ſa capitale ; & l'ayant fait priſonnier , le fit jetter dans un cachot chargé de fers (*b*).

Cette expédition renverſa le trône de Samarie , & mit fin au royaume d'Iſraël.

Salmanazar , maître de la plus grande partie de la Paleſtine , pour s'aſſurer ſa conquête , y fit paſſer une colonie d'Aſ-

-----

(*a*) *Ibid. cap.* 16. ℣. 8. & Paralipom. *lib.* 2. *cap.* 28. ℣. 20 & 21.

(*b*) *Reg. lib.* 2. *cap.* 17. ℣. 4.

fyriens ; mais comme ces nouveaux habitans ne craignaient point le Dieu
d'Ifraël, il vint, contre eux, des lions
qui les dévorèrent (*a*). Des prêtres If-
raélites, captifs dans Ninive, fe hâtèrent
alors d'apprendre auxAffyriens comment
Dieu voulait être honoré dans le terri-
toire de Samarie, & les lions fe retirèrent.

Tant que ce redoutable Salmanazar
regna en Orient, le peuple de Dieu
n'ofa fécouer le joug qu'il lui avait im-
pofé ; mais à peine fut-il mort, que
Jérufalem cella de payer le tribut accou-
tumé. Sennachérib, fuccelleur de Salmanazar, defcendit en Judée à la tête
d'une armée puiffante, & Ezéchias
n'imagina d'autre moyen pour fléchir le
conquérant irrité, que d'imiter Achaz,
& de faire fondre l'or du temple, pour

(*a*) *Reg. lib.* 4. *cap.* 17. ℣. ⅖.

l'offrir en lingots au Roi d'Affyrie.

Ces lingots envoyés à Sennachérib, fe trouvèrent former une fomme
de trente talens d'or, & de trois cents
talens d'argent (*a*).

Le conquérant, maître de cet argent,
ne crut pas fa vengeance fatisfaite. Il
fit inveftir Jérufalem par une armée,
dont il confia le commandement à Rab-
facès; mais une nuit, où ce prince méditait des projets deftructeurs, un Ange
vint frapper à mort, dans le camp des
Affyriens , cent quatre-vingts-cinq
mille hommes (*b*). Alors Sennachérib
leva le fiège, & retourna à Ninive.

Sennachérib revenu dans fes états,
fe croyait à l'abri du courroux célefte ;
mais un jour qu'il facrifiait dans un
temple à fon dieu Nifroch, Adrame-

____

(*a*) *Ibid.* ℣. 14.

(*b*) *Ibid. cap.* 19. ℣. 36. & Paralip. *lib.* 2. *cap.*
32. ℣. 21.

lech & Sharazar , fes propres fils , l'é-
gorgèrent fur les marches de l'autel ;
enfuite , ils fe fauvèrent dans la terre
d'Ararat , pour fe dérober au fupplice
des parricides (*a*).

Afarhadon , un autre fils de Sennachérib , lui fuccéda au trône de
Ninive.

Il y avait , à cette époque , un royaume de Babylone , diftingué de celui de
Ninive ; car fon fouverain , nommé par
la Bible *Merodach-baladan* , envoya une
ambaffade à Ezéchias , pour le féliciter
fur fa convalefcence (*b*).

Enfin , Ezéchias s'endormit avec fes
pères. Manafsès , fon fuccefleur , fit le

(*a*) *Ib.* ℣. 37. Quelques critiques ont cru
qu'Adramelech & Sharazar n'étaient point fils de
Sennachérib ; mais le même fait eft rapporté dans
les Paralip. *lib. 2. cap.* 32. ℣. 21. & l'Auteur facré
dit que le Roi Affyrien fut tué à coups d'épée ,
var fes propres enfans , fortis de fes entrailles.
(*b*) *Reg. lib. 2. cap.* 20. ℣. 12.

mal devant Dieu ; alors les généraux d'un roi Aſſyrien, qu'on ne nomme pas, deſcendirent en Judée, prirent ſon ſouverain, qu'ils trouvèrent caché dans des épines ; & après l'avoir lié de deux chaînes, ils l'emmenèrent à Babylone (*a*).

L'Hiſtoire ſacrée laiſſe ici un grand vuide dans les annales Aſſyriennes. On ne voit reparaître le roi de Ninive, que dans une bataille entre lui & un Pharaon-Nechao, roi d'Egypte, où Joſias fut tué (*b*).

Nous voici arrivés au règne de Nabuchodonoſor, ſi ſtérile dans les écrivains profanes, mais ſi chargé d'événemens mémorables dans la Bible: Il faut ſuivre l'Hiſtorien ſacré dans tous ſes détails.

A l'avénement de ce conquérant au

(*a*) *Paralip. lib. 2. cap. 33. ℣. 11.*
(*b*) *Reg. lib. 2. cap. 23. ℣. 29.*

trône d'Aſſyrie , Arphaxad , roi des Medes , venait de bâtir , en pierres de taille quarrées , une Ville très-forte , nommée *Ecbatane.* Les remparts de la place avaient ſoixante & dix coudées de large, ſur trente de hauteur. Les tours en avaient cent d'élévation , & les portes étaient auſſi hautes que les tours (*a*).

Nabuchodonoſor , jaloux de la puiſ-ſance de cet Arphaxad , lui livra ba-taille dans la plaine de Ragau , & le

______

(*a*) *Judith* , *cap.* 1. ℣. 2. & 3. Les Commen-tateurs , pour donner une baſe à leur chronologie, diſent que l'Arphaxad de Judith eſt Phraorte , & ſon Nabuchodonoſor , Saoſduchin ; mais cette interprétation nous ſemble ſacrilège. Pour nous , Arphaxad , n'eſt qu'Arphaxad ; & Nabuchodo-noſor , Nabuchodonoſor.

Afin d'éviter la multitude de notes , & de ne point trop couper l'attention des Lecteurs , nous déclarons que tout ce qu'on va lire juſqu'à la mort d'Holopherne , eſt tiré du Livre de Judith. Nous employons preſque toujours les paroles du texte ſacré , & il n'y a de nous que les tranſitions.

défit. Enfuite , enflé de fa victoire , il propofa aux Juifs , aux Syriens , & à toutes les nations , jufqu'aux confins de l'Ethiopie , de fe rendre fes tributaires. Toutes , d'un commun accord , refusè- rent de fubir le joug ; alors le conqué- rant entra dans une vive indignation , & jura , par fon trône , qu'il fe ven- gerait.

La treizième année de fon règne , Nabuchodonofor tint un grand confeil, & déclara à fes miniftres & à fes géné- raux , que fon projet était d'affujétir toute la terre à fon empire : projet que tout le monde approuva.

Alors le Roi fit venir Holopherne , lui dit d'aller attaquer tous lés royaumes d'Occident , & lui permit de fe faire fuivre dans fon expédition de cent vingt mille fantaffins , & de douze milles chevaux. L'armée fortit de l'Affyrie , & couvrit toute la face de la terre , comme une nuée de fauterelles.

Holopherne, en peu de tems, subjugua toutes les contrées qui s'étendaient de Ninive à l'Arabie heureufe, & au golphe de Perfe ; il eut foin furtout d'exterminer tous les dieux de la terre, afin que Nabuchodofor, fon maître, fût le feul dieu du globe qui méritât des autels.

Ifraël fut l'unique puiffance qui réfiftât avec vigueur à Holopherne ; & le général Affyrien, brûlant de punir fa témérité, mit le fiège devant Bethulie.

Lorfque la Ville, preffée par le fer des ennemis & par la famine, était fur le point de fe rendre, Dieu fufcita, pour délivrer fon peuple, une femme très-belle, nommée *Judith*, dont le mari était mort trois ans auparavant d'un coup de foleil.

Cette héroïne fe parfuma, prit une robe magnifique, fe couvrit de diamans, & vint dans cette parure accompagnée d'une feule fuivante, au camp d'Holopherne.

Les gardes avancées ayant demandé à Judith, quel était son dessein : elle leur répondit qu'elle fuyait de Bethulie, qu'elle dévoilerait, au général des Assyriens, tous les secrets de sa patrie, & qu'elle pourrait lui indiquer un moyen de s'en emparer, sans exposer un seul homme de son armée.

Conduite devant Holopherne, elle se prosterna en terre, & l'adora. Celui-ci, qui, au premier abord, en était devenu amoureux, la releva avec bonté, & s'occupa des moyens de la mettre au rang de ses concubines.

Mais comme la fierté Assyrienne se croyait blessée d'essuyer des refus d'une femme, il la fit sonder d'abord par son eunuque Vagao.

La négociation réussit ; Judith promit à Vagao de remplir les desirs de son maître, & se rendit, à cet effet, à un grand repas que donnait Holopherne.

L'Affyrien s'ennivra; & tous les convives s'étant retirés, l'Ifraëlite profita du fommeil de fon amant, pour le faifir par les cheveux, & lui couper la tête. Elle prit enfuite cette tête fanglante, la couvrit, l'emporta, & rentra avec fa fuivante dans Bethulie.

A la pointe du jour, la tête d'Holopherne fut fufpendue aux crénaux des remparts; & les affiégés, profitant du tumulte qui s'éleva chez les Affyriens, à la vue du cadavre de leur général, firent une fortie, mirent en fuite l'ennemi, s'emparèrent de fon camp, & revinrent auprès de Judith chanter des cantiques de victoire.

Nabuchodonofor (il n'eft ici défigné que fous le titre de roi de Babylone) ne laiffa pas impuni le meurtre d'Holopherne. Réfolu de détruire la puiffance Juive par fa bafe, il vint en perfonne faire le fiège de Jérufalem, s'empara de la Ville, pilla fon temple, envoya Joachim, son roi, prisonnier à Babylone, & lui donna, pour successeur, Sedecias (*a*).

Sedecias, la neuvième année de sa royauté, se révolta. Nabuchodonosor vint remettre le siège devant Jérusalem, s'en empara après une longue résistance, & lui fit essuyer toutes les horreurs que les loix de la guerre autorisent contre une ville prise d'assaut.

L'infortuné roi des Juifs ayant été amené par les Assyriens à Nabuchodonosor, le tyran ordonna qu'on massacrât ses enfans sous ses yeux, fit ensuite crever les yeux au père, & l'envoya chargé de chaînes à Babylone (*b*).

(*a*) *Reg. lib.* 4. *cap.* 24. *Passim. & Paralipom lib.* 2. *cap.* 36. *Passim.*

Le Sedecias, dont il s'agit ici, est nommé l'oncle de Joakim dans les *Rois*, & son frère dans les *Paralipomenes.*

(*b*) *Reg. lib.* 4. *cap.* 25. ℣. 7.

Après cet acte de férocité , Nabuzardam eut ordre d'assouvir la vengeance Assyrienne dans Jérusalem.

Ce général remplit l'attente de Nabuchodonosor ; il pilla la Ville , mit le feu au temple , rasa les remparts , & emmena les Juifs en captivité à Babylone (*a*).

Le peuple de Dieu , esclave en Assyrie , eut beaucoup à gémir du despotisme de Nabuchodonosor. Daniel seul l'empêcha de succomber à son désespoir , en le rassurant par ses prophéties (*b*).

Ce Daniel se trouvait du sang des rois de Juda ; il avait été conduit à Babylone dans l'intervalle du premier & du second siège de Jérusalem , & était

---

(*a*) *Ibid. cap.* 2 5. *Passim.*

(*b*) Tout ce qu'on va lire , jusqu'à la mort de Nabuchodonosor , est tiré des 4 premiers chapitres du Livre prophétique de *Daniel.*

entré dans le ferrail du Prince pour apprendre la langue Chaldéenne , & fe rendre digne ainfi de fervir fa perfonne.

Comme cet Ifraëlite , au fein même des fuperftitions Chaldéennes , était refté fidelle au culte de fes pères, Dieu, pour le récompenfer , lui donna la connaiffance de tous les Livres, & l'intelligence de toutes les vifions.

Le bruit de ce prodige parvint jufqu'au Roi ; il fit venir Daniel, le trouva dix fois plus éclairé que tous les Mages de la Chaldée, & fe l'attacha par fes bienfaits.

La feconde année de fon règne , Nabuchodonofor eut un fonge affreux, qui interrompit fon fommeil ; mais le matin , ce fonge s'échappa de fa mémoire. Comme les defpotes croyent poffible tout ce qu'ils defirent, celui-ci affembla les Mages de Babylone , & exigea d'eux le rappel de fon fonge &

ſon explication : les menaçant , ſi leur art futile ne le ſervait pas à ſon gré , de déchirer leurs corps en morceaux , & de changer leurs maiſons en receptacles des immondices.

Les Mages ne devinèrent rien ; & la ſentence de Nabuchodonoſor, contre eux , commençait à s'exécuter , lorſque Daniel ſe préſenta devant le Roi , & lui rappella ſa viſion ; c'était le fameux coloſſe à la tête d'or , à la poitrine d'argent , au ventre d'airain , & aux pieds d'argile , emblème des quatre grandes puiſſances qui allaient ſe diſputer , tour à-tour , après la chûte des Aſſyriens , l'empire de l'univers.

Nabuchodonoſor , ſatisfait du prophète Juif , fit grace au reſte des Mages , & conféra à Daniel la première Satrapie du royaume de Babylone.

Quelque tems après , ce prince fit ériger dans le voiſinage de ſa capitale , une ſtatue d'or de ſoixante coudées de haut, ordonna à tous les grands de la nation, d'affister à fa dédicace, & au peuple de l'adorer, fous peine, aux infracteurs de la loi, d'être jettés tout vifs dans les flammes.

Trois Juifs, compagnons de Daniel, Sidrach, Mifach & Abdenago, ne pouvant fe réfoudre à adorer d'autre dieu que celui d'Abraham, refusèrent d'obéir à Nabuchodonofor, & furent, par fon ordre, précipités dans le brafier d'une fournaife; mais, par un prodige admirable, la flamme fe détournant, alla brûler les bourreaux, tandis que les trois martyrs marchaient gaiement au milieu de la fournaife, chantant un cantique pour célébrer leur délivrance.

Cette merveille changea le cœur de Nabuchodonofor; il ordonna à tous fes peuples d'adorer le Dieu de Sidrach, de Mifach & d'Abdenago, & jura que s'il fe trouvait un téméraire qui ofât blafphêmer fon nom, il ferait mis en pièces , & que ſa maiſon deviendrait le receptacle des immondices de Babylone.

Cependant, il ne paraît pas que toutes ces merveilles euſſent laiſſé une trace bien profonde dans la mémoire de Nabuchodonoſor. Ce monarque continua à faire le mal devant le Seigneur ; il vit dans un ſonge terrible tous les malheurs qui le menaçaient ; & comme ſon cœur fut inacceſſible aux remords , la ſentence céleſte , prononcée contre lui , s'exécuta dans toute ſa rigueur.

Un jour qu'il ſe promenait dans ſon palais , s'énorgueilliſſant d'avoir bâti Babylone , & d'en avoir fait la métropole d'un des plus vaſtes empires du globe , il vit opérer en lui une métamorphoſe étonnante. Ses cheveux prirent la forme de la crinière des lions , ſes ongles ſe chaugèrent en griffes des oiſeaux de proie ; & chaſſé de la compagnie des hommes , il fut réduit à errer avec les taureaux, partageant leurs pâturages.

Ce supplice dura sept ans. Au bout de cet intervalle, la raison revint au roi de Babylone, avec la forme humaine ; il remonta tranquillement sur son trône, & ses peuples continuèrent à lui obéir.

On a cru que pendant la métamorphose de Nabuchodonosor, Evil-Merodach, son fils, avait pris les rênes du gouvernement (*a*) ; mais ce fait n'est point dans la Bible, & il est permis d'en douter.

Nabuchodonosor ne survécut qu'un an au recouvrement de son bonheur & de sa couronne. Evil-merodach, qui lui succéda, fit sortir de son cachot, après trente-sept ans de captivité, le malheureux Joakim, roi de Juda, le reçut

---

(*a*) *Hieronym. in Isaïam, cap.* 14. ℣. *19.*

à fa table , & lui affura un revenu
annuel pour foutenir fa dignité (*a*).

Evil-merodach ne paraît point fur le
trône d'Affyrie dans l'Hiftoire de Daniel. A fa place , on voit un Belfazar ou
Balthazar, célèbre chez les Juifs, à caufe
du rôle qu'il joua dans la prife de Babylone (*b*).

Balthazar , fuivant Daniel ¡ fut un
defpote facrilège , comme Nabuchodonofor fon père. Un jour , dans l'y-
vreffe d'un feftin , il fe fit apporter les
vafes d'or du temple de Jérufalem , &
il y but avec fes courtifans & fes concubines. En ce moment, on vit paraître
une efpèce de main humaine , qui écrivait fur le mur de la falle du feftin. Le
Roi troublé , fit venir les Mages ; mais

(*a*) *Reg. lib.* 4. *cap.* 25. ℣. 27.

(*b*) D'ici jufqu'à la fin de ce Chapitre , nous
avons confulté uniquement le Chapitre 5 du Livre
de *Daniel.*

aucun d'eux ne put, ni lire l'écriture, ni l'interpreter.

La mère dé Balthazar fait alors reſſouvenir le Roi, qu'il y avait dans le palais un Hébreu, nommé *Daniel*, célèbre par ſon intelligence dans l'art de dévoiler l'avenir, & conſtitué, à cet effet, chef des Mages par le grand Nabuchodonoſor. Le Roi le fait venir, & le conjure de faire ceſſer le trouble qui l'agite.

La réponſe de Daniel eſt remarquable. « Prince, lui dit-il, l'Eternel donna » à Nabuchodonoſor votre père, un » grand empire. Tous les peuples, quel- » ques langues qu'ils parlaſſent, reſpec- » taient ſon nom, & tremblaient de- » vant lui ; il faiſait mourir les hommes, » & leur donnait la vie à ſon gré.

» Mais l'orgueil s'empara de ſon » cœur ; alors il perdit ſon trône, & fut » chaſſé de la ſociété des hommes. De- » venu ſemblable aux quadrupedes, il

» vit fon corps trempé de la rofée du
» ciel, il mangea l'herbe des champs
» avec les taureaux, il erra dans les bois
» avec les ânes fauvages.

» Cette punition terrible, ô Balta-
» zar ! ne vous a point éclairé. Tran-
» quille dans votre yvreffe facrilège,
» vous avez fait placer fur votre table
» les vafes du temple du Seigneur ; vous
» y avez bu les vins exquis de la Chaldée,
» & vous avez préfenté ces vafes ainfi
» profanés à vos courtifans & à vos con-
» cubines.

» Dieu indigné, a envoyé une main
» terrible, qui a écrit trois mots fur le
» mur de votre palais. Ces mots font,
» *manè*, *thecel*, *pharès*, & en voici
» l'interprétation.

» *Manè* fignifie que Dieu a compté
» les jours de votre règne, & qu'il en
» a marqué la fin.

» *Thecel*, c'eft-à-dire, vous avez été

» pefé

» pefé dans la balance , & on vous a
» trouvé trop léger,

 » *Pharès* , votre royaume a été divifé,
» & il va paffer aux Medes & aux
» Perfes ».

 Cette prédiction terrible n'empêcha
pas Daniel d'éprouver les bienfaits du
Roi; on le revêtit, par fon ordre , d'une
robe de pourpre ; on lui mit un collier
d'or , & on fit publier dans Babylone ,
qu'on eût à le regarder comme la troifième perfonne du Royaume.

 Cette même nuit , Balthazar fut tué ,
Babylone tomba entre les mains de
Cyrus, & l'empire d'Affyrie fut renverfé.

F A S T E S

DES MONARCHIES ASSYRIENNES.

On ne peut pénétrer dans le dédale de l'Hiftoire ancienne, fans avoir en main le fil de la chronologie.

Mais quand il s'agit de ces âges réculés, qui fervent d'époque à l'origine des monarchies, ce fil fe caffe à chaque inftant, & il vaut encore mieux ne point s'en fervir, que de ne pouvoir faire un pas fans être obligé de le renouer.

Cet inconvénient fe fait fur-tout fentir dans cette partie de l'Hiftoire d'Affyrie, qui précède Belus ; il y a cent fyftêmes différens fur le tems ou il faut placer la fondation de Ninive, de Babylone & d'Ecbatane ; on a fait d'énormes volumes pour concilier à cet égard les opinions. Les favans ont furchargé nos bibliothèques ; mais la raifon humaine n'eft pas encore fatis-faite.

Il me femble qu'on devrait reftrein-dre beaucoup cette fupputation des tems primitifs ; il ne faut pas demander une chronologie , avant qu'il y ait eu une chronologie ; il ne faut pas rapporter , à certaines époques , l'Hiftoire du globe , avant que ce globe ait eu des Hiftoriens.

Voici donc, après de mûres réflexions, le plan que nous avons cru devoir ado-pter , afin de rétablir en quelque forte , dans les faftes de l'Affyrie , l'ordre que nous avons été d'abord obligé d'inter-vertir , pour ne point gêner la marche de l'Hiftoire.

Nous rangerons par ordre les pre-mières dynafties de Rois , qui ont été antérieurs à Belus : mais fans nous

aſtreindre à les faire entrer dans un ſyſtême chronologique. Tous nos calculs
ne poſeraient que ſur une baſe vague
& incertaine, & il ne faut pas commencer l'Hiſtoire des hommes, par de fri-
voles conjectures

Le règne de Belus lui-même n'eſt pas,
par rapport à l'époque où on le place,
à l'abri des atteintes du ſcepticiſme ;
cependant, à cauſe de ſa liaiſon avec
les règnes ſuivans, on s'eſt haſardé à
commencer par lui la chronologie de
Ninive & de Babylone.

Pour fixer doublement les idées ſur
ces faſtes, nous les rapporterons à deux
époques, également faites pour obtenir
le ſuffrage de la raiſon.

L'une eſt celle des obſervations aſtronomiques de Calliſthene ; on ſait que
ce philoſophe envoya de Babylone à
Ariſtote, un recueil d'obſervations
Chaldéennes, qui remontaient à 1903

ans (*a*). Nous appellerons cette époque , l'*Ere de Callifthene* (*b*).

(*a*) Simplicius *commentar. in Ariftot.* de cœlo, *lib. 2. comment.* 46.

(*b*) Des critiques de mauvaife foi ont ofé jetter des doutes fur l'autenticité de l'Ere de Callifthene , fous prétexte qu'on n'en voyait aucune trace dans les ouvrages d'Ariftote. L'ingénieux Mairan a réfuté ce paradoxe avec toute la fupériorité que lui donnaient la fcience & la raifon , & je tranfcris fa réponfe , pour ne point laiffer de nuages fur la première bafe de notre chronologie.

» L'objection fondée fur le filence d'Ariftote, » eft bien faible ; car , outre qu'il s'en faut bien » que tous les écrits de ce philofophe foient par- » venus jufqu'à nous , on trouverait peut-être , » parmi ceux qui nous en reftent , plus d'un » texte , où il fait allufion aux obfervations de » Callifthene ; mais voici , à mon avis , quelque » chofe de plus concluant. Deux anciens auteurs, » Plutarque & Aulugelle , nous ont confervé » la lettre qu'Alexandre écrivit d'Afie à Ariftote , » & que je vais rapporter , d'après la traduction » d'Amyot.

» ALEXANDRE à ARISTOTE , falut.

» *Tu n'as pas bien fait d'avoir publié tes Li-*

L'autre fera le nombre d'années écoulées depuis le fait dont nous rendons
compte, jufqu'au moment où cet ouvrage
eft publié ; c'eft à-dire , jufqu'à l'an
1780.

Ainfi , des deux époques qui fervent
de fondement à ces faftes , l'une eft
particulière à nous ; & l'autre , aux
Affyriens, dont nous écrivons l'Hiftoire.

Nous nous propofons de fuivre le
même plan dans la continuation de cet
ouvrage ; par exemple , quand nous

>> *vres des fciences fpéculatives , pour autant que*
>> *nous n'aurons rien par-deffus les autres , fi ce*
>> *que tu nous as enfeigné en fecret vient à être*
>> *publié & communiqué à tous ; & je veux bien*
>> *que tu faches que j'aimerais mieux furmonter*
>> *les autres en intelligence de chofes hautes &*
>> *très-bonnes , que non pas en pouvoir. Adieu.*

>> Ariftote , pour appaifer le prince , lui répon-
>> dit que ces livres là n'étaient ni publiés , ni à
>> publier ; & que ce qui pouvait en avoir paru,
>> n'était intelligible que pour ceux qui avaient
>> déja des lumières.

en ferons aux annales de la Grèce, nous ferons marcher de pair les marbres de Paros & notre Ere moderne; quand nous traiterons de l'Histoire de Rome, nous rapporterons les événemens, soit à cette année 1780, soit aux fastes du Capitole.

Nous n'entrerons point ici dans le détail de tous les motifs que nous avons eus, tantôt de suivre les Savans chronologistes du siècle de Louis XIV, tantôt de les concilier entre eux, & plus sou-

---

» Plutarque ne dit pas d'où il tire la lettre d'A-
» lexandre ; mais Aulugelle cite le philosophe
» Andronicus, & il rapporte de plus en Grec la
» propre réponse d'Aristote.

» Or, je laisse à penser, si après ces plaintes
» de son auguste disciple, Aristote, qui était
» déja assez mystérieux par lui-même, devait
» beaucoup s'empresser de divulguer les connais-
» sances qui lui venaient de Babylone, & vrai-
» semblablement sous le sceau d'Alexandre «.
Voy. *Remarques sur la troisième lettre au père Parennin*, dans les opuscules de Mairan, pag. 157.

vent de les combattre. Ces discussions érudites, qui ne seraient à portée que d'un petit nombre de Lecteurs, trouveront peut-être un jour leur place dans les *Supplemens à l'Histoire des hommes.*

Cependant, nous devons au public de lui indiquer les données dont nous avons fait usage, pour résoudre le problême de la chronologie Assyrienne.

De tous les systêmes imaginés depuis quarante siècles, pour fixer la durée des monarchies de Ninive & de Babylone, celui qui se concilie le mieux avec les faits & avec la raison, nous semble celui d'Æmilius Sura, exposé dans l'*Abrégé de l'Histoire Grecque & Romaine* de Velleius Paterculus.

Voici le texte. « S'il en faut croire » les Annales Romaines d'Æmilius Sura, » les Assyriens furent le premier des » peuples dominateurs. Aux Assyriens, » succédèrent les Medes ; à ceux-ci, les » Perses, qui firent place aux Macédo-

» niens ; & enfin , un peu après la def-
» truction de Carthage , lorſque Phi-
» lippe & Antiochus , iſſus des Rois de
» Macédoine , furent vaincus & ſou-
» mis , Rome reſta ſeule en poſſeſſion de
» la Monarchie univerſelle. Entre cette
» dernière époque , & le commence-
» ment du règne de Ninus, il s'eſt écoulé
» 1995 ans (*a*) ".

(*a*) *Æmilius Sura de annis populi Romani :
Aſſyrii principes omnium gentium rerum potiti
ſunt : deindè Medi , poſtea Perſa , deindè Ma-
cedones. Ex indè duobus regibus Philippo & An-
tiocho qui à Macedonibus oriundi erant haud
multò poſt Carthaginem ſubactam , devictis , ſum-
-ma imperii ad populum Romanum pervenit. Inter
hoc tempus & initium Nini regis Aſſyriorum
qui princeps rerum potitus , interſunt anni mille
DCCCXCV. Voy. Vell. Patercul. lib.* 1. *cap,* 6.

Il faut obſerver que le ſavant Freret liſait à la
fin de ce texte 1905 , au lieu de 1995 , & il en
avait beſoin pour étayer ſon ſyſtême chronologique. Pour nous que les faits guident , & non
les opinions , nous préférons , à la leçon de

Voilà, dans cette durée de 1995 ans, un terme bien fixé : c'est celui de la Macédoine subjuguée un peu après la destruction de Carthage. Or, on sait que Carthage fut détruite la troisième année de la 158e Olympiade, c'est-à-dire, 146 ans avant notre Ere vulgaire, & que le fameux Philippe de Macédoine fut défait quatre ans après, par le questeur Trebellius, événement qui prépara les voies à la monarchie universelle des Romains. Si l'on ajoute aux 1995 ans d'Æmilius Sura, les 142 ans qui la lient à la naissance de l'Ere moderne, & les 1780 ans qui suivent cette dernière époque, nous aurons, pour résultat, 3917 ans, écoulés de-

Freret ; celle de l'édition de Rhenanus, faite sur un des plus précieux manuscrits de Velleius, trouvé à Murbach en 1505, & qui a servi de guide à toutes les éditions postérieures, même à celle de Barbou.

puis le commencement du règne de Ninus.

Maintenant il faut chercher, dans les annales des Assyriens, un autre point fixe, qui détermine la durée de leurs monarchies dans la chronologie d'Æmilius Sura, & ce point est la prise de Babylone par Cyrus.

S'il y a quelque fait démontré dans la supputation des tems, c'est l'avénement de Cyrus au trône des Medes, la première année de la cinquante-cinquième Olympiade. Eusebe dit que c'est le sentiment de Polybe, de Castor, de Diodore, de Phlegon, &c. & qu'il n'y a, à cet égard, aucun partage, ni entre les Chronologistes, ni entre les Historiens (*a*). Cette première année de la cinquante-cinquième Olympiade tombe à l'an 560 avant notre Ere vulgaire. Le

____

(*a*) Euseb. *Præpar. evangel. lib.* 10. *cap.* 10.

héros Perse se présenta devant Babylone, vingt ans après, & le siège dura deux ans. Ainsi la fin de l'empire Assyrien est de l'an 538 avant l'Ere moderne ; il s'est écoulé, depuis ce grand événement, 2318 ans.

La lumière commence à paraître. Nous avons vu qu'il s'était écoulé 3917 ans, depuis l'avénement de Ninus; il suffit de retrancher de ce nombre les 2318 qu'on compte depuis la prise de Babylone, & il restera 1599 ans, pour marquer la durée des monarchies Assyriennes, suivant la plus exacte des chronologies.

Voyons maintenant si les calculs de Velleius peuvent se concilier avec ceux de ce célèbre Ctésias, qui a eu pour disciples & pour interprètes les plus grands hommes de l'antiquité.

Nous avons dans Eusebe, dans Jules Africain, & dans le Syncelle, des listes des rois Assyriens, avec la durée précife de leur règne, extraites des Livres de Ctéfias ; mais ces liftes font infuffi-fantes, parce qu'elles ne s'accordent pas fur les détails : ce qu'il faut attribuer, foit au défordre des manufcrits, foit à la hardieffe des écrivains intermédiaires qui avaient tranfmis à Eufebe, à Jules Africain & au Syncelle, les Mémoires de Ctéfias.

Diodore lui-même, le plus integre des rédacteurs de Ctéfias, a négligé très-fouvent de marquer le nombre d'années qu'ont régné fes Rois de Ninive & de Babylone, & peut-être en effet que cette exactitude minutieufe ne s'alliait pas dans fon efprit avec la majefté d'une Hiftoire univerfelle ; mais du moins il a fuppléé à cette omiffion en homme de génie, en traçant, d'un feul coup de pinceau, la durée entière de la monarchie Affyrienne, jufqu'à l'invafion d'Arbace. Il dit en propres termes : « S'il en faut croire les calculs

» de Créfias, l'empire Affyrien paffa aux
» Medes fous Sardanapale, après avoir
» fubfifté plus de 1360 ans (*a*) ».

Obfervons que Diodore ne dit pas
1360 *ans*, mais *plus de* 1360 *ans*. Ce
plus fignifie, dans la manière de parler
des Anciens, une génération d'homme,
c'eft-à-dire, trente-trois ans ; car, on
obferve, depuis trente fiècles, que le
genre humain fe renouvelle pendant
cet intervalle. Si donc vous ajoutez à
1360, les 33 ans de cette génération
furnuméraire, & l'année du détrônement de Sardanapale, vous aurez en
tout 1394 ans, pour défigner la durée
de la monarchie Affyrienne, depuis
Belus, jufqu'à l'invafion des Medes.

Mais comme la chronologie d'Æmilius Sura ne commence qu'à Ninus, il
faut retrancher, du calcul de Diodore,

(*a*) Diod. Sicul. *lib.* 2. *cap.* 17.

62 ans du regne de son prédécesseur Belus (*a*) ; ce qui réduit les 1394 ans à 1332.

Examinons maintenant quel est l'intervalle qui a dû s'écouler depuis le couronnement d'Arbace à Ninive, jusqu'à la destruction de Babylone.

Jules Africain dit positivement que l'empire des Medes a duré 269 ans (*b*). Or, la mort d'Astyage, le dernier monarque Mede, est postérieure de deux ans à la prise de Babylone par Cyrus. Ainsi, l'intervalle que nous cherchons est de 267 ans.

Maintenant si vous joignez ces 267 ans, aux 1332 de la première épo-

---

(*a*) Jules Africain, Eusebe, Castor, & les meilleurs interpretes de Ctésias, s'accordent à donner 62 ans de règne à Belus, & à le faire prédécesseur immédiat de Ninus. Voyez à la suite de la *Chronique* d'Eusebe, l'*Excerpt. chronologica*, pag. 74.

(*b*) *Excerpt. chronol.* pag. 78.

que des faftes Affyriennes , vous avez précifement les 1599 ans de la chrono-logie d'Æmilius.

Je m'arrête, pour cette feconde épo-que , à la fupputation de Jules Afri-cain , parce qu'elle fe concilie par-faitement avec l'Ere célèbre de Nabo-naffar.

Belefis , établi premier Viceroi de la Chaldée par Arbace , paraît dans l'Hif-toire , prédéceffeur immédiat de Nabo-naffar. On fait auffi que fon règne fut très-long ; or l'Ere de Nabonaffar ren-ferme 209 ans , jufqu'à la prife de Ba-bylone ; par conféquent , fi on y ajoute 58 ans pour le règne de Belefis , on a exactement les 267 ans de la fupputa-tion de Jules Africain , & en dernier réfultat, la conciliation d'Æmilius Sura avec Diodore.

Veut-on encore une nouvelle folu-tion de ce problême chronologique ? qu'on life Jules Africain , copifte de

Castor, qui avait transcrit Ctésias. Sans s'arrêter à sa liste mutilée des Rois d'Assyrie, dont on ne peut justifier tous les détails, on voit qu'il donne, à la durée de l'empire Assyrien, depuis Belus, jusqu'à la mort d'un Ninus II, successeur de *Sardanapale*, 1430 ans (*a*); & depuis l'invasion d'Arbace, jusqu'à la mort d'Astyage, 269 (*b*); en total 1699 ans, pour la durée de toutes les dynasties.

Il faut d'abord retrancher de ce tableau les 62 ans du regne de Belus, dont il n'est parlé, ni dans Æmilius Sura, ni dans Diodore, & les deux ans

---

(*a*) Voici le texte original : *Simul reges* 39, *antiqui Assyriorum perseverantes annos mille quadringentos triginta.* Voyez à la suite d'Eusebe, l'ouvrage qui a pour titre, *Excerpta chronologica*, pag. 74.

(*b*) *Hæc Medorum regum permanserunt per annos* 269. Voy. Jules Africain. *Excerpt. Chronol.* pag. 78.

qui fe font écoulées entre la prife de Babylone & la mort d'Aftyage.

De plus, Jules Africain donne, contre l'opinion générale, 30 ans de règne
à Sardanapale, quoiqu'il n'ait gouverné
l'Affyrie, que pendant quinze ans,
fuivant la copie de Ctéfias, que le
Syncelle nous a confervée. Cette con-
contradiction apparente difparaît, en
fuppofant, avec quelques Hiftoriens,
que Sardanapale ne fe brûla pas après fa
défaite ; alors il aurait régné quinze
ans dans Ninive, & autant de tems dans
quelque coin de fes vaftes provinces,
qui aurait échappé au joug d'Arbace. Il
faut confidérer, fous le même point de
vue, les 19 ans du règne de ce Ninus II, fils de Sardanapale, qui, errant
& fugitif, porta peut-être le titre inutile de Roi dans quelque défert de l'O-
rient, tandis que le conquérant Mede
donnait des loix dans Ninive. L'Hiftoire
moderne offre de tems en tems des

exemples de pareilles fuppofitions. Jacques II , détrôné par le prince d'Orange , s'appellait Roi dans fa prifon royale de Saint-Germain. Les Jacobites défèrent encore le même titre au Prétendant ; cependant l'Hiftoire ne doit pas allonger de ces règnes parafites la durée politique de la Grande Bretagne.

On peut encore , comme nous l'avons fait preffentir dans le cours de cette Hiftoire , fuppofer que ce Ninus II , profitant de l'éloignement d'Arbace ou de fa faibleffe , vint revivifier les ruines de Ninive , & fonder une nouvelle dynaftie de rois Affyriens fubordonnés à l'empereur Mede ; mais même dans cette hypothèfe , il ne faut pas compter dans la durée de l'ancienne monarchie , les 19 ans de ce règne du fecond Ninus , parce qu'ils fe confondent avec les 267 ans de l'empire des Medes , jufqu'à la prife de Babylone.

Voilà donc, outre le premier retranchement néceſſaire de 64 ans, une autre que la raiſon exige pour les 15 années ſuperflues du règne de Sardana-pale, & les 19 de la ſatrapie de ſon fils; ce qui (à deux ans près) ramene les 1599 de la durée de l'empire Aſſyrien, & concilie le récit de Jules Africain, avec celui de Ctéſias & de Diodore.

Ces ſynchroniſmes ſinguliers (a) portent juſqu'à l'évidence la vérité de mon hypothèſe. Il eſt bien étonnant que dans les cent cinquante volumes que les Savans ont écrits ſur la chronologie Aſſyrienne, on ne voie aucune trace du grand trait de lumière qui réſulte de la conciliation d'Æmilius Sura, avec Ctéſias. Mon opinion, malgré ſon heu-

---

(a) Je n'ai point tenté de concilier le Syncelle avec Jules Africain, Æmilius Sura & Diodore, à cauſe de l'addition qu'il a faite à ſa liſte, de quatre Rois, probablement antérieurs à Belus; addition qui multiplie les ténèbres autour de ſa chronologie.

reufe fimplicité , eft toute neuve ; j'y fuis parvenu après trois ans de recherches ; & je me glorifierais de cette découverte, fi on pouvait fe glorifier d'un fyftême de chronologie.

Ne perdons point de vue nos grands réfultats. La monarchie Affyrienne, depuis Ninus , jufqu'à la prife de Babylone par Cyrus , a duré 1599 ans. Babylone a été prife il y a 2318 ans , il faut donc en compter 3917 depuis l'avénement de Ninus.

Ces principes pofés , il s'agit de lier toute cette chronologie à l'Ere de Callifthene.

L'ingénieux Mairan , qui avait examiné toutes les chroniques des Savans de l'Europe , n'a pas ofé déterminer la première année de l'Ere de Callifthene. Il s'eft contenté de dire , qu'elle remontait à plus de 2200 ans avant l'Ere Chrétienne (*a*). L'Hiftorien *de l'Aftro-*

(*a*) *Opufcules ,* pag. 154.

nomie ancienne, qui, à cet égard, n'a
point d'opinion à lui, admet l'hypothèfe vulgaire, qui recule cette Ere de
34 ans, & qui en place l'origine à l'an
2234 (*a*); mais après avoir pefé mûre-
ment cette queftion, il nous femble
que Callifthene ne dut écrire de Babylone à Ariftote, que lorfque cette Ville
était déja fous la puiffance d'Alexandre.
Il faut donc chercher dans les annales
du monde, l'année la plus mémorable
des conquêtes de ce héros en Afie, & je
vois que 327 ans avant notre Ere,
Alexandre fut la terreur de l'Inde &
de la Chaldée, qu'il équipa une flotte
pour naviguer fur l'Océan, qu'il battit
Porus, & que Babylone tomba fous le
joug des Macédoniens, par la fuite
d'Harpale fon fatrape.

(*a*) *Hift. de l'Aftron. ancien.* pag. 368. L'hypothèfe vulgaire fe trouve dans les *Tablettes
chronol.* de l'Abbé Langlet, pag. 241.

L'année 327 avant l'Ere vulgaire, étant la fin de l'Ere de Callisthene, cette Ere a dû commencer l'an 2230, c'est-à-dire, il y a 4010 ans.

D'où il résulte que l'Ere de Callisthene est antérieure de 93 ans à la première année de Ninus, désignée dans la chronologie d'Æmilius Sura & de Ctésias.

Les principes sont posés, & il n'y a point de littérateur qui ne pût maintenant écrire les fastes de l'Assyrie.

ORDRE

DES ÉVENEMENS

DE L'HISTOIRE D'ASSYRIE,

DONT ON NE PEUT FIXER LA CHRONOLOGIE.

DES espèces de Scythes errants, sortis du mont Caucase, commencent à se répandre dans les plaines de l'Assyrie, récemment abandonnées par cette partie de l'Océan, que, pour se faire entendre, il faut bien appeller *Mer Caspienne*.

Les Oans, plutôt civilisés que ces Scythes, parce qu'ils avaient un commerce plus direct avec les Atlantes de la Métropole, pénétrent, de leur côté, dans la Chaldée. Ils avaient, à leur tête, le hardi navigateur Oannes, dont la Fable a fait un amphybie.

Cet Oannes retiré la nuit dans le vaiſſeau qui l'a amené, deſcend le jour ſur le rivage, & s'occupe à inſtruire les ſauvages, à les façonner à la vie ſociale, & à leur donner une intelligence.

Les Oans, à cette époque, ſe confondent avec le peuple primitif de l'Aſſyrie.

On a fait regner un Aloros & un Alaſparos dans la Chaldée, avant la légiſlation d'Oannes, on a eu tort ; il n'y a point de Rois chez des ſauvages, qui vivent à la manière des quadrupedes, à moins qu'on ne ſuppoſe que cet Aloros & cet Alaſparos, ſouverains de quelques peuples civiliſés du mont Caucaſe, n'aient compris dans leur empire, des plaines de l'Aſie voiſines de leurs poſſeſſions, qui ſe trouvaient récemment abandonnées par les eaux. Nos Européens ſe ſont dits, avec moins de raison encore, souverains du nouveau monde & des terres australes.

Si le roi Amelon a régné en Châldée du tems d'Oannes, c'est que probablement il avait été donné aux Assyriens par ce légiflateur, trop au-dessus, par ses lumières, des Rois de ce tems-là, pour aspirer à en augmenter le nombre.

Amenon succède à Amelon, & ne fait rien.

Regne de Metalaros. C'est peut-être sous ce prince que parurent en Asie ces hommes à double nature, ces hermaphrodites, dont la race fut anéantie par le déluge de Xixuthros.

Commencement du règne obscur de Daonos.

Evedorachos lui succède : voilà tout ce qu'on sait de sa personne.

Règne d'Amphis. De son tems l'Assyrie était, dit-on, dominée par la race des Hermaphrodites.

Otiartes donne des loix à l'Affyrie.

Xixuthros eft célèbre dans l'Hiftoire, à caufe du déluge arrivé de fon tems : déluge que des chronologiftes témérai- res ont quelquefois confondu avec celui de Moïfe.

Après la grande inondation que fubit une partie de l'Affyrie , fous le règne de Xixuthros , on vit regner en Affy- rie une dynaftie des rois Chaldéens , pendant un intervalle de 225 ans.

Evechous eft la tige de cette dynaftie Chaldéenne ; il règne environ 7 ans.

Chofmabolos lui fuccède , & fon rè- gne a la même durée.

Poros gouverne enfuite l'Affyrie pen- dant 35 ans. C'eft celui dont le nom interprété par les Savans , fignifie, tantôt un dieu , tantôt un âne fauvage.

Nechubes règne fur les Affyriens 43 ans.

Abios garde le même fceptre 48 ans.

Oniballos qui lui succède , est Roi 40 ans.

Zinziros , le dernier prince de cette dynastie , occupe le trône 45 ans.

A cette époque , un arabe , nommé Mardocentes , fait la conquête de l'As-syrie , & conserve la couronne dans sa maison pendant 215 ans. Son règne est aussi long , que l'obscur Zinziros qu'il a détrôné.

On ignore le nom du prince qui rem-place Mardocentes ; mais pour rendre exacts les calculs des chronologistes , il faut le faire regner 40 ans.

Sisimordac succède à ce prince ano-nyme , & règne 28 ans.

Nabios & Paramos paraissent ensuite sur la scène. Le premier l'occupe 37 ans, & l'autre 40.

Nabonabos est le dernier de cette dynastie de rois Arabes ; il règne 25 ans. Le rapport de son nom avec le Na-bonide du *Canon astronomique* de Ptolemée, l'a fait prendre, par quelques Savans, pour le Roi infortuné qui vit paſſer Babylone ſous le joug de Cyrus.

Les théologiens peuvent placer, à cette époque, le règne de ce fameux Nimrod, que la Genèſe appelle *un violent chaſſeur devenu le Seigneur.*

Les orientaux, qui prennent Nimrod pour leur célèbre Kaï-Caous, font durer ſon règne 150 ans.

Autant qu'il eſt poſſible de percer dans les ténèbres de ces premiers âges, on conjecture que c'eſt vers ce tems-là, c'eſt-à-dire, entre le dernier prince de la dynaſtie Arabe & l'avénement de Belus au trône d'Aſſyrie, qu'on peut placer la fondation de Babylone.

La fondation de Ninive eſt poſtérieure à celle de Babylone, & celle d'Ecbatane à celle de Ninive.

FASTES ASSYRIENS,

DEPUIS L'ERE DE CALLISTHENE.

I L ne faut point oublier que nous avons promis de dater les faſtes de l'Aſſyrie , ſoit par l'Ere Chaldéenne de Calliſthene , ſoit par les années qui ſe ſont écoulées depuis l'événement qu'on annonce, juſqu'à la date de l'impreſſion de cet ouvrage ; c'eſt-à-dire, juſqu'à l'an de l'Ere vulgaire 1780.

Nous commençons ces faſtes par la naiſſance de Belus ; & la conjecture qui nous a conduit à ce ſyſtême , ne ſaurait être plus heureuſe. Il eſt plus que probable que Calliſthene fixa l'origine des 1903 ans d'obſervations aſtronomiques qu'il envoya à Alexandre , par quelqu'événement digne de faire époque dans les annales de la raiſon , & il ne pouvait, dans fes principes, choifir un événement plus mémorable, que celui de la naiffance d'un prince que l'Orient regardait comme le créateur de l'aftronomie.

Nous avons prouvé que l'Ere de Callifthene précédait de 93 ans le règne de Ninus ; or, Belus, fuivant le plus grand nombre des Hiftoriens, eft le père de Ninus ; & il eft tout fimple de faire vivre 93 ans, le prince qui en a régné 62, fuivant Jules Africain, & les meilleurs interprètes de Ctéfias.

	De l'Ere de Callifthene.	Jufqu'à nous.
Naiffance de Belus....	1	4009
Commencement de fon règne.	31	3979
Il fonde Babylone dans le fens qu'il l'entoure de de murailles. Cet événement peut fe placer vers l'an	35	3975
Il fait creufer le fameux canal de Nal-macha, pour		

	De l'Ere de Cal-listhene.	Jusqu'à nous.
joindre le Tigre à l'Eu-phrate.	40	3970
Il bâtit la tour qui porte son nom.	50	3960
Il raffemble les obferva-tions qu'il a faites fur le cours des aftres , les fait graver fur la brique , & dé-pofe ce monument dans la tour qui lui fervait d'obfer-vatoire.	90	3920
Mort de ce Prince. . .	93	3917
Avenement de Ninus au trône de l'Affyrie.		
Ninus fait ériger un tom-beau à fon père , dans la tour qui lui fervait d'obfer-vatoire.		
Ce Prince fait la guerre à un petit Roi , indépendant de la Chaldée , & pour le punir de s'être bien défen-du , l'envoie , lui & fes en-fans, au fupplice. . . .	95	3915
Guerre contre Pharnah , Roi des Medes. Ce dernier eft pris fur le champ de ba-taille , & mis en croix avec		

	De l'Ere de Cal-listhene.	Jusqu'à nous.
fa femme & fes enfans, par ordre du vainqueur. . . .	96	3914
Commencement des grandes conquêtes de Ninus. .	97	3913
Ce Prince, après dix-sept ans de victoires, réuffit à fubjuguer l'Afie prefqu'entière, à l'exception de l'Inde & de la Bactriane. . . .	114	3896
On croit affez communément, qu'au retour de fon expédition, il fonda Ninive.	115	3895
Naiffance de Semiramis. Commencement de la guerre du la Bactriane. .	130	3880
Oxiarte défait Ninus. .	131	3879
Semiramis époufe le fatrape de Syrie, Menones. Siège de Bactres, par l'armée de Ninus.	133	3877
Semiramis vient dans le camp de Ninus, & s'empare de la place.	138	3872
Ninus époufe Semiramis, & entre en triomphe dans Ninive.	139	3871
Naiffance de Ninyas. .	140	3870

	De l'Ere de Callisthene.	Jusqu'à nous.
Mort de Ninus.	145	3865
Semiramis succède à son époux , & lui fait ériger un superbe mausolée dans Ninive.		
Expédition contre les Medes.	146	3864
Semiramis s'empare d'Ecbatane, & élève divers monuments en Asie. . . .	148	3862
Elle passe dans la Perse , & visite les conquêtes de Ninus.	150	3860
Commencement des conquêtes de Semiramis en Afrique.	152	3858
Expédition de l'Inde. .	160	3850
Défaite de l'armée Assyrienne, par Stabrobates. .	161	3849
Semiramis rentre dans ses états avec les débris de son armée.	162	3848
Elle rebâtit Babylone sur un plan nouveau, l'embellit de monumens superbes , & se bâtit deux palais des deux côtés de l'Euphrate. .	164	3846

Complot de Ninyas con-tre ſa mère , & mort de Semiramis. . . . . .

Avénement de Ninyas au trône d'Aſſyrie.

Nihyas , pour s'aſſurer de la fidélité de ſes ſatrapes , fait lever tous les ans, dans chaque province de ſes états, une légion , qui eſt obligée de venir camper autour des murs de ſa capitale. . . .

Guerres contre les Scy-thes du mont Caucaſe , vers l'an . . . .

Mort de Ninyas. . .

	De l'Ere de Calliſthene.	Juſqu'à nous.
Complot de Ninyas … mort de Semiramis.	187	3823
… murs de ſa capitale.	188	3822
Guerres contre les Scythes … l'an	200	3810
Mort de Ninyas.	225	3785

Ici les ténèbres renaiſſent dans la chronologie Aſſy-rienne , à cauſe des varia-tions entre les Hiſtoriens ſur la durée des règnes des ſucceſſeurs de Ninyas , juſ-qu'à Sardanapale. Pour ſa-tisfaire cependant à cet égard le public, autant qu'il eſt en mon pouvoir, j'ai choiſi , de toutes les liſtes anciennes qui nous reſtent , celle de Jules Africain ,

comme la plus vraifembla-
ble. Cet auteur donne, comme nous l'avons déja vu,
1430 ans de durée à la monarchie Affyrienne, depuis
Belus, jufqu'à la mort de
Ninus II, fils du Sardanapale, détrôné par Arbace;
& quand on examine fa
lifte en détail, on trouve
que la réunion de tous les
règnes dont il parle, ne
donne qu'un réfultat de
1314 ans (*a*); ce qui fait
une erreur de 116 ans. Pour
concilier Jules Africain avec
lui-même, il faut fuppofer
deux chofes.

1° Qu'il a omis un règne
de 30 ans de Manchalaios,

De l'Ere de Cal-lifthene.	Jufqu'à nous.

(*a*) Afin de fe faire une idée
jufte & précife de notre chronologie, il faut avoir, fous les yeux,
le *Tableau des variations fur la
durée des regnes des Souverains
d'Affyrie*, qui fe trouve parmi les
gravures. Belus, dont il eft parlé
ici, a régné 62 ans, & était, comme nous l'avons dit, le prédéceffeur
de Ninus.

dont il est parlé dans Eusebe & dans le Syncelle.

2° Que les 86 années restantes (pour remplir le vuide des 116 ans) se trouvent entre le règne d'Eutaïos & celui de Thinaïos, marqué comme son successeur immédiat dans Jules Africain, mais entre lesquels il y a quatre Rois dans le catalogue du Syncelle (*a*).

Ces principes posés, la nuit disparaît de notre chronologie.

Nous ne désignerons toutes les statues couronnées qui ont succédé à Ninyas, que par l'année de leur mort.

	De l'Ere de Callisthene.	Jusqu'à nous.
Mort du roi Arioc ou Arios.	255	3755
Mort du roi Aral ou Aranos.	295	3715
Mort du roi Xerxès ou Balaios.	325	3685

(*a*) Voyez le *Tableau* déja cité parmi les gravures.

	De l'Ere de Callisthene.	Jusqu'à nous.
Mort du roi Mamithros ou Armamithres. . . .	362	3648
Mort du roi Bilochos ou Beloch.	397	3613
Mort du roi Ballaios ou Balac.	449	3561
Mort du Altallos, qu'Eusebe nomme Altadas, & le Syncelle, Sethos. . . .	484	3526
On pourrait peut-être placer, à cette époque, la construction des fameux jardins suspendus de Babylone, que le préjugé populaire attribue à Semiramis.		
Mort du roi Mamythos.	514	3496
Mort d'un roi Manchalaios, oublié par Jules Africain, & qu'Eusebe fait régner 30 ans.	544	3466
Mort du roi Itaspheros.	564	3446
Mort du roi Mamythos II.	599	3411
Mort du roi Sparaios.	639	3371
Mort du roi Ascatagos.	679	3331
Mort du roi Amyntes. .	729	3281
Mort d'Actosai & de Semiramis II. — Je soupçonne		

	De l'Ere de Callisthene.	Jusqu'à nous.
qu'on a ici tronqué le texte de Jules Africain : il devrait y avoir *Atoffa vel Semiramis II.* L'Hiftoire fait en effet mention vers ces tems-là, d'une Atoffa, que le roi d'Affyrie affocia à fon trône, & qui reçut de l'adulation, le nom de nouvelle Semiramis. Il eft vrai que cette Atoffa a toujours paffé pour la fille du roi fuivant, Bilochos ; mais les copiftes ont pu encore tranfpofer, à cet égard, le catalogue de Jules Africain. Quoi qu'il en foit, la mort d'Actofai tombe, fuivant la verfion ordinaire, à l'an	752	3258
Détrônement de Bilochos ou Beloch II, par l'intendant de fes Jardins, Belleropatos ou Beletaras. . .	777	3233
Mort de l'ufurpateur du trône, Beletaras. . . .	811	3199
Mort du roi Lamprides.	843	3167
Mort du roi Pofaros. .	863	3147
Mort du roi Lamparos.	893	3117
Mort des rois Pannios &		

	De l'Ere de Callifthene.	Jufqu'à nous.
Zeos, ou plutôt du roi Pannios, à qui l'adulation donna le nom de *Zeos*, en Grec *Dieu*.	938	3072
Mort du roi Sofarmos.	958	3052
Mort du roi Mithraïos.	993	3017
Mort du roi Tautelos ou Tautames.	1025	2985

Ce roi Tautames eft fûrement le Teutamos dont Diodore dit, *lib.* 2. §. 17. qu'il envoya un fecours de dix mille Ethiopiens, fous la conduite de Memnon, à Priam, pour foutenir le fiège de Troie. Or, ce trait fournit un nouveau finchronifme à l'appui de notre chronologie. Troie, fuivant la *Chronique de Paros*, art. 23, fut prife l'an 22 de Mneftée, roi d'Athènes, qui répond à l'an 1209 avant notre Ere vulgaire. Si l'on joint ces 1209 ans, à 1780, on trouve 2989; ce qui ne s'éloigne que de quatre ans, de l'époque où nous plaçons la mort de Tautames.

	De l'Ere de Cal-listhene.	Jufqu'à nous.
Mort du roi Eutaios.	1036	2974

Ici le Syncelle place quatre Rois, qui ont été omis par Eufebe & par Jules Africain. Ils femblent tirés de la dynaftie des rois Arabes, prédéceffeurs de Belus. Ainfi, il ne faut faire de fonds, ni fur leurs noms, ni fur la durée de leur règne. Tout ce qu'on peut dire dans une matière qui prête tant aux conjectures, c'eft que les Rois intermédiaires entre Eutaios & Thinaios ont dû régner 86 ans, ou plutôt 84 (car il y a une erreur de 2 ans dans le calcul de Jules Africain); on peut donc fuppofer que le dernier de ces quatre Rois

eft mort	1120	2890
Mort du roi Thinaios.	1149	2861
Mort du roi Cercyllos.	1189	2821
Mort du roi Eupalos.	1225	2785
Mort du roi Laufthenes.	1270	2740
Mort du roi Peritiados.	1300	2710

	De l'Ere de Callisthene.	Jusqu'à nous.
Mort du roi Ophrataios.	1320	2690
Mort du roi Acrazapes.	1410	2600
Avénement au trône de Tonos Concoleros, ou du dernier Sardanapale. . .		
Première révolte d'Arbace.	1420	2590
Siège de Ninive. . .	1423	2587
Prife de Ninive, & détrônement de Sardanapale. . . . , . .	1425	2585

Suivant le grand nombre des Hiftoriens, le Roi détrôné de Ninive fe brûle dans fon palais, pour ne pas tomber entre les mains de fon vainqueur.

Couronnement d'Arbace.

Ici la confufion renaît dans la chronologie Affyrienne, parce que la durée des règnes des empereurs Medes ne fe concilie pas parfaitement dans les liftes que l'Hiftoire nous a confervées, avec celle des rè-

gnes collatéraux des Souverains de Babylone. Voici
comment nous nous y fom-
mes pris, pour renouer, à
cette époque, le fil de notre
chronologie,

Nous avons un grand trait
de lumière pour nous gui-
der dans cette nuit profonde ; c'est l'Ere de Nabonaffar, qui, grace aux obfervations aftronomiques de
Ptolémée, eft à l'abri de
toutes les attaques du pyrho-
nifme.

Il me femble démontré
que cette Ere commence 58
ans après la révolution qui
fit paffer aux Medes l'empire
d'Affyrie.

Si vous joignez ces 58
ans aux 209 de l'Ere de Nabonaffar, vous aurez les
267 ans qui fe font écoulés
chez les Chaldéens, entre
le regne de Belefis & la
prife de Babylone par Cyrus
Or, Belefis fut fait Roi
par Arbace, premier empe-

De l'Ere de Cal-lifthene.	Jufqu'à nous.

	De l'Ere de Cal-lifthene.	Jufqu'à nous.

reur des Medes ; nous voilà donc bien affurés que l'empire des Medes n'a duré que 267 ans , jufqu'à la deftruction de Babylone.

Avec cette donnée , on peut marcher à la folution du problême.

Des cinq liftes d'empereurs que nous tenons du Syncelle, d'Eufebe, de Jules Africain , de Diodore & d'Hérodote, il n'y en a pas une qui ne foit mutilée, comme on peut s'en convaincre à l'infpection de notre tableau. Obligés de faire un choix, nous avons adopté, pour la durée des regnes, celle de Jules Africain , qui s'adopte le mieux avec la chronologie & la raifon ; & comme il lui manque deux regnes , celui de Madauces & celui d'Artyas, nous avons fuppléé à ce vuide , en leur donnant 26 ans de regne, ce qui eft un peu plus vraifemblable que le siècle entier que leur prête Diodore.

Moyennant ces 26 ans, ajoutés (pour deux Empereurs omis) au calcul de Jules Africain, nous avons retrouvé précisément les 267 ans qui résultent du regne de Belesis, uni à l'Ere de Nabonassar.

	De l'Ere de Callisthene.	Jusqu'à nous.
Arbace donne à Belesis la vice-royauté de Babylone.	1425	2585
Il fait raser Ninive jusqu'aux fondemens, & transfere le siège de l'Empire à Ecbatane. . . .	1426	2584
Ce Prince institue en Assyrie une république de souverains.	1427	2583
Mort de Sardanapale, suivant quelques auteurs, 15 ans après son détrônement.	1440	2570

Ninus II, fils de Sardanapale, recouvre, s'il en faut croire Jules Africain, le sceptre de son père, &

	De l'Ere de Callisthene.	Jusqu'à nous.
fait renaître Ninive de ses ruines.		
Mort de l'empereur Arbace.	1453	2557
Mort de Ninus II, chef de la dernière dynastie des souverains de Ninive. Phul, son fils, lui succede. . .	1459	2551
Mort de Madauces, empereur Mede, fils & successeur d'Arbace. . . .	1466	2544
Mort de l'empereur Sofarmos. Artyas lui succede.	1470	2540
Belesis ramene dans Babylone la honte du regne de Sardanapale. Parfondas propose au conseil de l'empereur de le détrôner. .	1473	2537
Le roi de Babylone fait arrêter en Medie Parfondas, & le confine dans son serrail.	1474	2536
L'empereur est instruit du sort de Parfondas, & force Belesis à le lui renvoyer. .	1481	2529
Artyas vient dans Babylone instruire le procès de		

	De l'Ere de Callisthene.	Jusqu'à nous.
Belesis, pour l'enlevement de Parsondas. Le roi Chaldéen rachete sa vie à force d'argent & de bassesses.	1482	2528
Mort de l'empereur Artyas.	1483	2527
Mort de Belesis, roi de Babylone.		
Avénement de Nabonassar au trône de Babylone, & commencement de l'Ere de ce Prince, imaginée par Ptolemée.		
On a cru que Nabonassar, au commencement de son regne, avait cherché à anéantir tous les monumens de l'Histoire.		
Mort de Nabonassar.	1497	2513
Mort de Nassios, roi de Babylone.	1499	2511
Mort de Chinzeros & Poros, deux frères, que Ptolemée fait régner à Babylone.	1504	2506
Mort de Diloulaios, autre roi de Babylone, suivant le canon astronomique.	1509	2501
Mardokempad, succeffeur de Diloulaios, envoye		

à ce qu'on croit, une ambaſſade à Ezechias, pour le féliciter ſur ſa convaleſcence. Cet événement ſe concilie parfaitement avec la chronologie des rois de Jéruſalem ; car nos principes nous conduiſent à le placer ainſi que les commentateurs de l'Hiſtoire ſacrée à l'an

	De l'Ere de Calliſthene.	Juſqu'à nous.
crée à l'an	1517	2593
Mort de Mardokempad.	1521	2489
Mort de l'empereur Arbianos , après un regne obſcur de quarante ans. .	1523	2487
Mort d'Arceanos,qui avait ſuccédé à Mardokembad au trône de Babylone. . . .	1526	2484
Il eſt probable que l'empereur Mede refuſa de donner ſon agrément à l'élection d'un roi de Babylone , ſucceſſeur d'Arceanos ; car le trône reſta vacant deux ans. Cet interregne finit l'an	1528	2482
Revolte de Parſodes contre l'empereur Mede. Il ſe fait roi des Carduſiens. . .	1530	2480

	De l'Ere de Cal-listhene.	Jusqu'à nous.
Mort de Belithos ou Belib, roi de Babylone. . .	1531	2479
Mort d'Apronad, successeur de Belib.	1537	2473
Mort d'Herigebalos ou de Regiball, qui avait remplacé Apronad.	1538	2472
Mort de Nesnoëmondacos ou Nisnimordac, autre roi de Babylone, & commencement d'un nouvel interregne, qui dure 8 ans. . .	1542	2468
Mort de l'empereur Cardiceos ou Artée. . . .	1546	2464

Artynes succede à Artée. — C'est ici que le crédule Hérodote place son Déjoces, qu'il lui fait civiliser les Medes & bâtir Ecbatane, événemens qui, suivant la chronologie de la raison, doivent être reculés peut-être quinze siècles plus haut, non loin de l'époque du monde primitif, où l'Asie vit fonder ses monarchies.

| Fin de l'interregne de Babylone. . . . . . | 1550 | 2460 |

Avénement de l'Ieraëdi-nos de Ptolemée au trône de Babylone ; on le croit l'Affarhadon des Livres Juifs ; cependant les con-quêtes de ce prince en Sy-rie & en Paleftine, dans la chronologie Juive , ne fe concilient point avec l'Ere de Nabonaffar. Les inter-prètes de la Bible placent la prife de Manaffès, roi de Juda , par le conquérant Chaldéen , & fa captivité à Babylone, l'an 2470 avant nous , ce qui recule de dix ans ces époques célèbres chez les Juifs , & les fait tomber au regne obfcur & momentané de Nifni-mordac.

	De l'Ere de Cal-lifthene.	Jufqu'à nous.
Mort du roi de Babylone, Ieraëdinos.	1563	2447
Mort de Saofduchin, fils, & fucceffeur d'Ieraëdinos.	1572	2438

Déttonement de Kinila-dac ou Kiniladan, qui avait remplacé Saofduchin, par les intrigues de Nabopo-

	De l'Ere de Callisthene.	Jusqu'à nous.
laffar, général de fes armées.	586	2424
On a tort d'attribuer à ce Nabopolaffar la deftruction de Ninive. Elle eft poftérieure d'un grand nombre d'années.		
Mort de l'empereur Mede, Diycos ou Artynes.	1600	2410
Nabopolaffar, après avoir joui 21 ans de la couronne, qu'il avait ufurpée, meurt tranquillement à Babylone.	1607	2403
Nabuchodonofor ou Nabocolaffar, qui avait été affocié au trône de Babylone du vivant de fon père, commence à régner feul.		
Troubles en Medie. Les Parthes fe foulevent contre l'empereur Antibarnas, & livrent leur pays aux Saces.	1609	2401
Cet Antibarnas, dans la chronologie erronée d'Hérodote, eft le conquérant Phraorte ; mais fi Phraorte a exifté, il faut le renvoyer		

	De l'Ere de Callifthene.	Jufqu'à nous.
avec Déjoces fon père, au tems du monde primitif, qui n'admet aucune chronologie.		
Commencement des conquêtes de Nabuchodofor.	1610	2400
Mort d'Antibarnas. Artibaras ou Cyaxare lui fuccède à l'empire.	1624	2386
Nabuchodonofor entre dans la Judée, prend Jérufalem, pille le temple, & tranfporte fon tréfor dans le temple de Belus.		
La plupart des interprètes des Livres facrés rapportent à l'an 606 avant notre Ere vulgaire, la première des 70 ans de captivité des Juifs à Babylone. Cette époque fe rapporte à la première année du règne de l'empereur Cyaxare.		
Cyaxare défait Sarac, roi de Ninive, & entreprend le fiège de fa capitale. . .	1625	2385
Madyes, à la tête d'une armée innombrable de Scythes, fortis des Palus-Méo-		

tides , se répand en Asie , force Cyaxare à lever le siège de Ninive , le défait en bataille rangée , & l'Orient se trouve inondé de barbares.

Nabuchodonosor poursuit ses conquêtes ; il s'empare de Tyr , subjugue l'Egypte , & rend l'Ethyopie tributaire. Il est impossible de fixer la date précise de ces grands événemens. Tout ce qu'on peut assurer , c'est qu'on doit les rapporter à l'époque de la domination des Scythes dans les états de Cyaxare.

Cyaxare , employant la perfidie pour recouvrer sa puissance , fait massacrer , dans un festin , les généraux Scythes , & délivre l'Assyrie de ces barbares. . . . . .

Hérodote a supposé que la domination des Scythes en Orient , avait duré 28 ans ; mais cette chronologie du père de l'Histoire est

De l'Ere de Callisthene.	Jusqu'à nous.
1633	2377

absurde. Il est impossible de la concilier avec l'Ere de Nabonassar, & le calcul des éclipses, vérifiées par les astronomes.

Une autre colonie de Scythes, s'il en faut croire Hérodote, se livre à Cyaxare, qui confie à ces barbares l'éducation de la jeunesse de son empire. . . . . .

Les Scythes massacrent leurs élèves, en font manger la chair à Cyaxare, & s'enfuyent en Lydie. . .

Commencement de la guerre de Lydie, qui dure cinq ans, suivant Hérodote.

Grande bataille entre Alyatte, roi des Lydiens, & Cyaxare. Elle se termine par l'effroi qu'inspire aux deux armées une éclipse de soleil, qui arriva le 28 Mai de l'an 585 avant notre Ere vulgaire, & qui fut en effet centrale & totale du côté de l'Hellespont. Kepler, Man-

De l'Ere de Cal-listhene.	Jusqu'à nous.
1634	2376
1640	2370

fredi & Newton ont vérifié cette éclipſe, & l'ont priſe unanimement pour celle de la bataille de Cyaxare : elle tombe à l'an . . . . . **1645 | 2365**

L'empereur Mede ſe ligue avec Nabuchodonoſor, & met le ſiège une ſeconde fois devant Ninive. . . . **1646 | 2364**

Seſac, roi de Ninive, eſt tué dans un aſſaut.

Les deux Princes confédérés entrent, l'épée à la main, dans Ninive, raſent cette ville de fond en comble, & tranſportent ſes habitans dans les villages de la Meſopotamie.

Nabuchodonoſor, de retour dans ſa capitale, emploie les dernières années de ſon regne à l'embellir ; il aggrandit la tour de Belus, & ajoute de nouvelles fortifications aux remparts de Babylone. . . . . . **1647 | 2363**

Il fait creuſer deux canaux magnifiques, pour détourner dans le Tygre les eaux

De l'Ere de Calliſthene.	Juſqu'à nous.
1645	2365
1646	2364
1647	2363

surabondantes de l'Euphrate , & prévenir par là les inondations de Babylone.

Mort de Nabuchodonosor.

Ilowardam ou Évilad ne jouit que trois ans du sceptre de Babylone, que son père lui avait laissé, & il est tué en trahison par le mari de sa sœur Nerigliffar.

L'affassin d'Ilowardam succède à sa couronne.

Mort de l'empereur Cyaxare ; il est remplacé par Aspandas ou Aftyage.

Neregafolaros ou Nerigliffar , ligué avec les Arabes , & quelques rois de l'Afie Mineure, se préfente devant une armée compofée de Medes & de Perfes ; mais il est défait & tué fur le champ de bataille.

Laborofordachos ou Laborofoarchod regne dans Babylone. Ce fut un tyran féroce, qu'on maffacra dans fon palais, après un regne

	De l'Ere de Callisthène.	Jusqu'à nous.
inondations de Babylone.	1648	2362
Mort de Nabuchodonofor.	1650	2360
de fa fœur Nerigliffar.	1653	2357
pandas ou Aftyage.	1656	2354
le champ de bataille.	1658	2352

de neuf mois. Un intervalle aussi court a fait qu'on a omis ce Prince dans quelques catalogues des rois d'Assyrie.

Nabonide ou Labyneth succede au tyran qu'il avait assassiné. Il avait des droits au trône , étant fils d'Ilowardam.

	De l'Ere de Cállisthene.	Jusqu'à nous.
Nabonide , incapable de gouverner par lui-même , se repose des soins de sa couronne sur Nitocris sa mère , qui avait le génie de Sémiramis.	1659	2351
Le Cyrus de Ctésias (qui probablement a existé plutôt que celui de Xenophon & d'Hérodote) ambitionne l'empire. Il se présente en Medie à la tête d'une armée , défait Astyage , & met le siège devant Ecbatane. . .	1668	2342
Il s'empare d'Ecbatane , & fait Astyage prisonnier.	1669	2341
Le mariage de Cyrus avec Amytlis , fille d'Astyage , donne à ce Prince des droits légitimes à l'empire. . .	1670	2340

	De l'Ere de Callifthene.	Jufqu'à nous.
C'eft de cette année qui eft la première de la cinquante - cinquième Olympiade , qu'on doit dater l'avénement de Cyrus au trône des Medes.		
Mort de Nitocris. A cette époque , le royaume de Babylone fe précipite vers fa décadence.	1689	2321
Cyrus vient mettre le fiège devant Babylone. .	1690	2320
Nabonide eft tué fuivant quelques Hiftoriens ; fuivant d'autres, il termine fes jours dans un exil honorable. Quoiqu'il en foit , Babylone eft prife par les Perfes ; ce qui met fin au royaume d'Affyrie.	1692	2318
Aftyage ne furvit que de deux ans à la conquête de Babylone ; on le laiffe mourir de faim dans un défert de la Medie. De ce moment commence le grand empire des Perfes.	1694	2316

FIN DE L'HISTOIRE D'ASSYRIE.

VUES

SUR

LA POPULATION SUCCESSIVE

DE L'ASIE.

L'Histoire des Perses, que nous donnons après celle de l'Assyrie, ne la suit pas immédiatement dans l'ordre que nous-nous sommes tracé de la population successive du globe ; mais, obligés, par des principes d'utilité générale, de rompre de tems en tems la serie philosophique de nos idées, nous saisissons avec empressement le premier instant favorable pour la retablir ; afin que le Lecteur ne perde jamais de vue l'enfemble de notre travail ; enfemble sans lequel il ne peut y avoir d'Histoire des Hommes.

Les peuples du globe qui se disputent la plus haute antiquité,

n'y ont pas joué primitivement
un rôle aſſez brillant pour avoir
une Hiſtoire. Les Syriens n'offrent, dans l'origine, à nos recherches, qu'une liſte ſtérile de Rois
qui n'ont peut-être jamais exiſté,
& des monumens qu'on ne peut
apprécier que par des conjectures.
L'Inde pacifique, qui a preſque
toujours ſubi la loi du premier bri-
gand qui a voulu la ſubjuguer,
n'a point d'annales. L'Arabe,
ſéparé du reſte des hommes par
ſes déſerts & par ſes rochers, n'a
vécu, pendant une foule de ſiècle, que pour lui ſeul : & à cette
époque, ſes Poëtes ont preſque
toujours écrit ſon Hiſtoire.

On ſent aſſez qu'il n'était pas
digne de la majeſté de cet ou-

vrage, de le morceler, pour conserver un ordre minutieux, de parler d'un peuple qui n'a ni patrie, ni annales, après avoir dessiné celui qui a étendu son sceptre dominateur sur une partie de la terre; de faire suivre l'Histoire d'un vaste empire qui occupe plusieurs volumes, de celle d'un Etat obscur, qu'on peut réduire à quelques pages.

Le plan que nous nous sommes tracé, n'a point ces inconvéniens; il ne nous oblige point à de petites divisions méchaniques, qui fatiguent l'attention de celui qui lit l'Histoire, & qui fletrissent l'imagination de celui qui la compose.

Nous ne donnons l'Histoire

primitive que des peuples qui ont vraiment une Hiſtoire primitive.

Pour ceux qui, malgré l'antiquité de leur population, n'ont paru avec éclat que dans des tems poſtérieurs, nous attendons, pour fixer ſur eux les regards des générations, l'époque où ils ont imprimé un mouvement particulier au monde.

C'eſt ainſi que l'Hiſtoire des Syriens, qui, dans l'ordre philoſophique, devait précéder celle de toutes les nations, ne commencera pour nous, que lorſque les Succeſſeurs d'Alexandre y établiront le ſiège d'une grande monarchie.

Nous devrions peut-être parler

des Arabes encore plus tard , &
attendre que Mahomet leur fit
fubjuguer le quart du globe ,
pour propager fa gloire & fon
évangile.

Mais il y aurait trop d'inconvénient à confondre ainfi l'Hiftoire ancienne & l'Hiftoire moderne des peuples. La place de
l'Hiftoire antique des Arabes eft
donc naturellement à la fuite de
nos vues fur la population de
l'Afie.

Quand aux Syriens & aux autres Nations qui n'ont pas attendu
l'époque de nos tems modernes
pour fe former en monarchies ,
nous ferons procéder l'Hiftoire
des fiècles où elles fe font rendues
célèbres , de nos conjectures fur

leur antique population & fur leur origine.

On voit que par ce plan, notre ouvrage en général n'eft point mutilé. L'Hiftoire d'un empire eft complette, à l'époque où on l'écrit, & on n'eft pas obligé de recourir à divers volumes épars d'une collection, pour fixer le tableau des révolutions de cet empire dans fa mémoire.

Il ne faudrait pas cependant en conclure, que dès qu'une Nation occupera notre pinceau, nous fuivrons fes annales, foit au travers des fiècles de lumière, foit au travers des fiècles de barbarie, jufqu'à ce qu'elles fe confondent avec celles de notre Europe, qui, par la nature de fa politique & de son commerce , a aujourd'hui ses intérêts liés avec ceux de l'univers.

Encore une fois , nous ne mettrons un peuple sur la scène , que lorsqu'il sera digne d'y jouer un rôle ; & lorsque ce rôle cessera , nous le ferons disparaître du théatre.

S'il se trouve des Nations qui aient eu des alternatives de léthargie & de reveil , dont tour à tour le pouvoir immense ait pesé sur le globe , & le nom ait disparu de la mémoire des hommes , nous écrirons à différentes reprises son Histoire.

C'est ainsi que notre travail sur les Perses formera une Histoire complette , s'il embrasse leurs annales , depuis la dynaſtie des Princes de la maiſon de Keyoma-maras , juſqu'à l'invaſion d'A-lexandre.

Ce même peuple , après avoir langui pluſieurs ſiècles dans une honteuſe inertie , reparaît avec éclat ſous le nom de Parthes , & oppoſe une digue au torrent de la domination Romaine , qui mena-çait d'engloutir le monde. Nous donnerons , à cette époque , l'Hiſ-toire complette des Parthes.

Enfin , la Perſe , après avoir ſubi d'autres viciſſitudes , rede-vient libre , & maintient aujour-d'hui , avec les Souverains du Mogol & de la Chine, l'équilibre de l'Aſie. Nous écrirons encore une Hiſtoire complette de cette

Perſe ſous la domination des Sophis.

Autant qu'il ſera en nous, nous ne confondrons point l'Hiſtoire ancienne du globe, avec celle des tems modernes, ni même avec celle du moyen âge.

Nous ne faiſons d'exception, comme nous l'avons déja dit dans l'introduction de cet ouvrage, que pour la Chine. Cet empire, dont l'origine ſe perd dans la plus haute antiquité, étant le ſeul du globe, qui ait toujours conſervé ſes mœurs, ſes loix & ſon indépendance, nous avons cru devoir traiter ſon Hiſtoire ſans interruption, depuis ſa population primitive, juſqu'à la fin du règne glorieux de ce Cang-hi , qui a été le contemporain & le rival de Louis XIV. Seulement , pour ne point trop intervertir l'ordre philoſophique qui fait la baſe de notre travail , nous placerons nos recherches ſur la Chine , au centre même de cet ouvrage , afin que les annales de ce Peuple célèbre tiennent , pour ainſi dire , à tous les tems , & qu'elles ſervent d'intermède naturel entre l'Hiſtoire ancienne & l'Hiſtoire moderne.

On voit aſſez , par cet expoſé de nos idées , qu'autant qu'il a été en nous , nous n'avons point admis de détails dans cette Hiſtoire des hommes, qui expofaffent à faire perdre de vue l'architecture générale de l'édifice.

Quand, par des motifs d'utilité générale, dont nous venons de rendre compte, nous ferons contraints de laiffer quelques vuides dans ce grand édifice, nous y placerons du moins des pierres d'attente, qui indiqueront à l'homme intelligent l'ordre d'architecture qui doit les remplacer.

Ainfi, après avoir terminé l'Hiftoire d'Affyrie, pour ne point franchir d'une manière trop brufque, l'intervalle qui la fépare de celle de la Perfe, nous allons jetter un coup d'œil rapide fur la population des Peuples intermédiaires, qui n'ont point encore d'annales. Ce chapitre fera une efpèce d'arbre généralogique des monarchies d'Afie, & il eft deftiné à remplir tous les vuides des Hiftoires particulières du premier âge.

VUES

SUR LA POPULATION SUCCESSIVE

DE L'ASIE.

IL ne s'agit point ici de ces conjectures philofophiques que nous avons jettées au commencement de cet ouvrage, pour lier enfemble toutes les branches ifolées de la grande famille des hommes.

Nous avons dû, dans un ouvrage fondé fur la phyfique & les faits, examiner les révolutions primitives du globe, avant d'en venir à celles des empires, qui fe font formés fur fa furface.

Nous avons pû, en n'employant que la referve circonfpecte du doute, étudier l'inftant où la mer ceffant de baigner le fommet des montagnes, la nature furchargée de principes générateurs, rendait ces éminences du globe propres à devenir le féjour des hommes primitifs.

Entraînés par la chaîne féconde de nos idées, nous avons obfervés avec quelle facilité les Atlantes avaient pû fe propager tout le long de cette chaîne immenfe du Caucafe, qui fert de ceinture à l'Afie, & de barrière entre elle & l'Europe.

Il était tout fimple que les Atlantes, toujours preffés dans ces premiers âges par une population exceffive, envoyaffent, loin du Caucafe, des colonies qui pénétraffent, par l'intermede du Liban & de l'Antiliban, jufqu'à cette chaîne immenfe des monts Atlas, qui partage l'Afrique, depuis la mer Rouge, jufqu'au détroit de Gibraltar.

Cette théorie conduifait à examiner

comment l'Atlante forti, foit du centre de la chaîne du Caucafe, foit de l'extrémité orientale de l'Atlas, avait été peupler ce vafte plateau de la Tartarie, qui eft encore, après le fommet des montagnes, le pays le plus élevé des deux mondes.

Toute cette partie hypothétique était à fa place, lorfque nous écrivions l'Hiftoire du globe, avant qu'il eût des Hiftoriens.

Maintenant que nous avons quitté ces plages inconnues, pour aborder dans un monde empreint de nos pas, & couvert de nos monumens, nous ne nous occuperons de la population fucceffive du globe, qu'autant qu'elle aura pour bafe la géographie connue de notre continent, & le témoignage des Ecrivains de la faine antiquité.

Contents d'avoir une fois addreffé

des conjectures heureuses aux philofophes, nous nous bornons déformais
à raffembler les faits, à les difcuter, & à dire la vérité aux hommes.

DE LA COLCHIDE.

A l'époque de la fondation des premiers empires , lorfque les plaines
élevées de l'Afie n'étaient plus fous
les eaux, & que cette partie du globe
commençait à être figurée , comme
dans les Cartes de nos Géographes , les
contrées qui durent fe peupler les premières , furent fans doute celles qui
bordent en tout fens la branche célèbre du Caucafe , qui fépare le Pont-
Euxin de la mer Cafpienne. Cette confidération me fait croire que la Colchide eft un des pays les plus anciennement peuplés de l'univers. On fait
que cette contrée borde le fonds du
Pont-Euxin , qu'à l'Orient, elle eft
bornée par l'Ibérie , & qu'au Nord ,
elle a , pour rempart naturel, le Caucafe. Malheureufement cette Colchide

n'a jamais joué qu'un rôle très-fubor-
donné dans les annales de l'Afie. Ses
Rois, fi elle en a eu primitivement,
ont été fans caractère, & fon peuple
fans phyfionomie. Il ne faut point
allonger notre ouvrage de toutes ces
Hiftoires parafites de nations dévouées
à une obfcurité éternelle.

La Colchide ferait peut-être parfaitement inconnue, fi elle n'avait pas
été la patrie de Médée, & fi les Poëtes
n'avaient placé dans un de fes temples,
cette célèbre toifon d'or, dont l'enle-
vement fut le motif de l'expédition des
Argonautes.

Puifque le peu que nous favons de la
Colchide eft intimément lié avec les
annales de la Grèce, nous ne nous
en occuperons que quand nous ferons
parvenus à l'Hiftoire du peuple, qui,
tantôt s'eft borné à commercer avec elle,
tantôt a mis une forte de gloire à la
fubjuguer.

DE L'IBÉRIE.

Cette contrée occupe l'espace intermédiaire entre le Pont-Euxin & la mer Caspienne ; mais une chaîne détachée du Caucase, lui sert de ceinture d'un côté vers la Colchide, & de l'autre vers l'Albanie, ce qui l'empêche de communiquer avec les deux mers. C'est dans la partie septentrionale de l'Ibérie, qu'on place ce fameux défilé, connu des anciens sous le nom de *Pylæ Caucasiæ*, ou de portes du Caucase.

La situation de l'Ibérie donne à ses peuples quelques droits au titre d'Autochtone. Il est certain que ce pays dut être cultivé, de tems immémorial, par une des colonies des Atlantes du Caucase. Sa position, au milieu des montagnes les plus élevées de l'Afic qui lui fervaient de remparts, dut aufli contribuer à aflurer fon indépendance. En effet, on ne voit pas qu'elle ait été engloutie avec les Arméniens fes voifins, par les grandes monarchies de l'Orient. Ninive & Babylone ne portèrent point dans fon fein leurs armes victorieufes. Ses montagnes arides, qui ne produifaient que du fer & des foldats, ne tentèrent point la cupidité des Medes & des Perfes. Elle refta libre, mais obfcurement, jufqu'à ce que Pompée vînt foumettre, à la domination Romaine, prefque tous les pays, qui s'étendent du Pont-Euxin à la mer Cafpienne.

Cet état d'obfcurité, où on voit conf-tamment l'Ibérie, depuis que fes habi-tans fe raffemblèrent en corps de nation, juftifie affez notre filence. Nous ne fé-parerons point fon Hiftoire de celle de Rome ; elle fera confondue avec celle d'une foule de Nations ignorées , à qui l'ambition du premier des Peuples dominateurs a donné un moment d'exiſ‑ tence.

DE L'ALBANIE.

VOICI encore une contrée des plus anciennement peuplées de l'Afie, qui, à caufe de la ftérilité de fes annales, ne mérite aucun rang à la tête de l'Hiftoire des hommes.

L'Albanie s'étend à l'Orient de l'Ibérie, le long de la mer Cafpienne, jufqu'au fleuve Cyrus, qui la fépare de l'Atropatène. On parle beaucoup en Afie de fon fameux défilé, entre le pied du Caucafe & le rivage de la mer, qu'on a fermé par la forterefse de Derbend. Cette clef du Caucafe s'appelle par les Turcs, *porte d'airain*, & par les Arabes, *porte des portes.*

Les Albaniens font parfaitement inconnus dans l'Hiftoire, jufqu'à l'invafion de Pompée. A cette époque, ils

étaient divisés en diverses hordes de
peuples Nomades, qui ne reconnaif-
faient cependant qu'un fouverain ; ils
changèrent alors leur obfcure indépendance, contre un efclavage plus obfcur
encore.

DE L'ARMENIE.

Une des contrées les plus anciennement peuplées du globe , depuis que
par la retraite de la mer notre continent s'eft deffiné à peu près tel qu'il eft
aujourd'hui , eft fûrement l'Arménie.
La population même de cette contrée ,
fi l'on obferve fa pofition fur les cartes
de nos géographes , doit remonter à
l'époque de celle des monarchies Affyriennes.

L'Arménie s'étend d'Occident en
Orient depuis l'Euphrate , jufqu'au confluent de l'Araxe & du Cyrus , qui fe
fait non loin de leur embouchure. La
Colchide , l'Ibérie & l'Albanie la bor-
nent du côté du Nord , & au Midi , elle
touche à la Méfopotamie, & aux plaines
riantes , où l'on bâtit Ninive & Babylone.

Ce pays eſt très-élevé, puiſqu'il renferme les ſources du Tygre & de l'Euphrate.

Sa ville royale d'Artaxate ne fut bâtie que dans des tems poſtérieurs; mais l'Orient entier eſt plein de témoignages ſur la haute antiquité de ſa ville de Nakſivan, dont la fondation remontait, dit-on, à l'époque du déluge de Noë. La même contrée poſſédait auſſi dans ſon ſein, une cité célèbre d'Artemita, qu'on croyait bâtie par Sémiramis.

Si l'on en croyait les modernes Arméniens, leur pays aurait formé le premier empire du globe. La raiſon qu'ils en donnent, eſt que le mont Ararat eſt en Arménie; & que c'eſt ſur ce mont Ararat, que ſe repoſa l'arche de Noë.

Mais il faut d'autres titres qu'une antique population, pour mériter une place diſtinguée dans une Hiſtoire des hommes. Il eſt évident , par la lecture réfléchie des écrivains de l'antiquité , que l'Arménien n'a preſque jamais été à lui-même ; trop timide pour ſe créer une patrie , trop peu éclairé pour ſe choiſir des protecteurs parmi les grandes puiſſances qui ſe partageaient le ſceptre de l'Aſie , il fut toujours l'eſclave paiſible du premier conquérant qui vint le ſubjuguer.

Des eſpèces de Scythes , appellés *Saces* , s'emparèrent , dans un âge très-reculé , de l'Arménie , & donnèrent leur nom à une de ſes provinces , connue long-tems ſous celui de *Saca-cene* (*a*).

Les ſouverains de Ninive & de Baby-lone donnèrent tour à tour des loix à cette même Arménie.

Arbace , conquérant de l'Aſſyrie , réunit à ſon empire les vaſtes héritages

----

(*a*) Strab. *Geograph. lib.* 41. *cap.* I.

de la maison de Sémiramis, & les empereurs Medes comptèrent dès-lors l'Arménie au rang de leurs provinces.

Cyrus vint par ſes conquêtes changer la face de l'Aſie, & pendant toute la domination de ſes ſucceſſeurs, les Arméniens furent gouvernés par les Satrapes de la Perſe.

L'Arménie n'attendit pas la mort du dernier Darius, pour ſe ſoumettre au joug d'Alexandre.

Le héros Macédonien étant mort à Babylone, ſes capitaines ſe partagèrent ſon empire. L'Arménie devint un des patrimoines des Seleucides, qui y dominèrent juſqu'à la défaite d'Antiochus-le-Grand, par les Romains.

C'eſt à cette époque, que des gouverneurs d'Arménie tentèrent de ſe rendre indépendants ; mais le trône mobile qu'ils fondèrent, ſe trouva alternativement la proie des Romains, qui ſe croyaient nés dominateurs du monde,

& celle des Parthes , qui le regardaient comme l'appanage naturel d'un Prince de la maiſon des Arſacides.

On voit , par ce tableau rapide des révolutions de l'Arménie , que malgré l'antiquité de ſa population , ſon peuple , toujours eſclave , n'a jamais mérité d'occuper le burin de l'Hiſtoire.

Il trouvera cependant dans la ſuite une place dans l'Hiſtoire des hommes ; mais cette place ſubordonnée ſera digne de la faibleſſe du rôle qu'il a joué en Aſie. Nous attendrons , pour examiner ſes mœurs , ſa petite politique , & la liſte ſtérile de ſes Rois , donnée par Moyſe de Chorene , que Rome en ait fait la conquête.

DE LA MESOPOTAMIE.

Quand on examine le monde des anciens, on voit au couchant de l'Arménie, une vafte péninfule entourée, prefque de tout côté, par la Méditerranée, la mer de l'Archipel, la Propontide & le Pont-Euxin. Cette bande de l'Afie, jettée fur les frontières de l'Europe, était connue fous le nom d'Afie Mineure. On y trouvait un grand nombre de peuples diftingués par leurs mœurs, leur caractère & leur puiffance (*a*); mais, fuivant les principes que nous avons pofés dans l'Hiftoire du monde primitif, cette péninfule qui, à

(*a*) Tels étaient les Bythiniens, les Lydiens, les Phrygiens, les Nations qui habitaient la Carie, la Lycie, l'Ionie & la Cilicie, les Galates & les peuples du Pont & de la Cappadoce.

l'époque de la fondation des grandes monarchies de l'Asie , portait encore l'empreinte d'une contrée lentement abandonnée par les eaux , n'a pu partager l'antique population des pays que nous faisons tour à tour paraître sur la scène ; aussi ses annales ne remontent pas au-dela de celles de la Grece. Ses monumens peuvent être fixés par la chronologie ; & l'Histoire , sur ce point de critique , est parfaitement d'accord avec les hypothèses des philosophes.

Il n'en est pas de même de la Mésopotamie. Cette longue bande de terre, que le Tygre & l'Euphrate embrassent dans sa plus grande étendue , & qui est bornée au Nord par une branche du Taurus , qui n'est lui-même qu'une prolongation du Caucase , doit avoir été peuplée à peu près dans le même tems que les monarchies de Ninive & de Babylone.

C'eſt dans la Méſopotamie qu'on trouve une vaſte plaine de Sennaar, où l'on croit que fut bâtie la tour de Babel; mais le judicieux Danville ne peut adopter cette opinion , parce qu'il y a plus de cent lieues de cette plaine à Babylone (*a*). Un fait que la critique peut beaucoup moins infirmer , c'eſt que le Calife Almamoun fit ſervir cette plaine de Sennaar à la meſure d'un arc de deux degrés du méridien ; ce qui conduiſit à trouver le degré de la terre de 47188 toiſes : calcul erroné , il eſt vrai, mais qui annonce du moins dans le peuple qui ſe trompe ainſi , un grand zèle pour l'aſtronomie.

Les habitans de la Méſopotamie ne paraiſſent point avec diſtinction dans les annales de l'Orient ; on les voit ſoumis , tantôt aux princes de Ninive

---

(*a*) *Géogr. ancien.* tom. 2. pag. 203.

& de Babylone, tantôt aux empereurs Medes & aux succeffeurs de Cyrus. Cet état d'inertie & d'efclavage dura jufqu'au règne des Seleucides. Alors un Satrape de l'Ofroëne, efpèce de démembrement de la Méfopotamie, profitant de la faibleffe des rois Syriens, fe créa une principauté, il y a environ 1900 ans, & la tranfmit à fes fucceffeurs, qui, malgré le voifinage formidable des Romains & des Parthes, eurent le bonheur de la conferver, jufqu'à ce que le trône des Céfars fût transféré à Conftantinople.

Le refte de la Méfopotamie n'avait pas attendu la fin de la fouveraineté de l'Ofroëne, pour fubir le joug des Romains. Ceux-ci, depuis long-tems, y avaient fortifié, avec le plus grand foin, la ville de Nifibe, qu'ils regardaient comme le boulevard de l'empire, contre les invafions des Parthes. C'eft cette ville de Nifibe, qui fut cédée à Sapor, roi de Perse, dans le traité ignominieux que l'armée Romaine fit après la mort de Julien. La perte de cette place entraîna celle de presque toute la Méfopotamie.

On voit, par ce tableau, que l'Hiftoire de la Méfopotamie ne doit commencer qu'où finit celle des Seleucides.

DE LA SYRIE.

LA géographie de l'Orient me conduit de la Méſopotamie dans la Syrie ; mais cette géographie m'égareráit, ſi elle tendait à faire croire que la population des deux contrées date de la même époque ; c'eſt ici qu'il faut quitter les petites cartes de l'Aſie, pour étudier en grand l'architecture phyſique du Globe.

On ſe rappelle ſans doute les principes poſés dans l'Hiſtoire du monde primitif, pour établir la ſérie progreſſive des colonies des Atlantes, depuis le Caucaſe, juſqu'à l'extrémité de la chaîne de l'Atlas, qui confine au détroit de Gibraltar. Ces colonies ne franchirent pas, ſans doute, au travers d'une mer orageuſe, & ſur la foi d'un ciel qu'elles ne connaiſſaient pas, l'intervalle im-

menfe qui fépare l'extrémité orientale
de l'Atlas, de la partie du Caucafe,
qui lui correfpond du côté de l'Afie. Il
fallait aux navigateurs de ces âges réculés, un point de repos, & nous l'avons
trouvé dans les pics des montagnes de
la Syrie.

La Syrie, en effet, renferme dans
fon fein le Liban & l'Antiliban, qui ne
le cédent en élévation, qu'aux pointes
inaceffibles des rochers du Caucafe.

Il était d'autant plus aifé au peuple
primitif de s'étendre du Caucafe à l'Atlas, par l'entremife du Liban, que le
mont Aman, qui femble détaché de la
partie du Caucafe, qu'on connait fous
le nom de Taurus, a une branche qui
communique jufqu'à l'embouchure de
l'Oronte, le feul grand fleuve de la
Syrie, & qui, dans fon vafte cours,
embraffe la chaîne du Liban à l'Orient
& au Septentrion.

Les hauteurs de la Syrie ont donc

été peuplées à une époque qui échappe à toutes les recherches de la chrono-logie.

Alors les plaines les plus élevées de l'Asie étaient l'appanage de l'Océan ; il n'y avait point de Ninive & de Baby-lone. Les Historiens ne mentaient pas à la postérité, en mettant un Ninus ou un Cyrus au rang des grands hommes.

Lors même que la mer, en se reti-rant, laissa le globe dessiné à peu près tel qu'il est aujourd'hui, il fut bien plus aisé au peuple qui habitait les hauteurs du Liban & de l'Antiliban, de dessécher la fange de ses plaines, en réunissant leurs eaux stagnantes dans le lit de l'Oronte, qu'aux colonies des-cendues du Caucase, d'aller au loin se créer une patrie le long des rives du Tygre & de l'Euphrate.

Tout indique, comme on l'a fait pressentir dans l'Histoire du monde pri-mitif, que la Syrie est un des pays les plus anciennement peuplés du globe.

Medin-El-ras a été construite entre les gorges du Liban, fur les ruines de la première ville connue que les hommes aient bâtie (*a*).

Au pied de ce même Liban, était une ville d'Emefe, dont l'origine, fuivant les Arabes, remontait jufqu'au déluge de Noë (*b*).

C'était auffi dans cette contrée, qu'on voyait cette fameufe Byblos, dont Sanchoniaton attribue la fondation à Saturne, un des patriarches des Atlantes (*c*).

Le climat de la Syrie a toujours été favorable à la propagation des êtres

____

(*a*) Jofeph. *Antiq. Judaïc. lib.* 1.

(*b*) *Voyages de Syrie*, par la Roque, tom. 1. pag. 232.

(*c*) Voyez le fragment qui nous refte de Sanchoniaton dans Eufebe, *Præp. Evang. lib.* 1. *cap.* 9.

animés. On a remarqué, jusques sous le règne des Séleucides, que les hommes y naissaient avec toutes les proportions de la force, & les femmes avec le germe heureux de la beauté & des graces. Les artistes de la Grèce y envoyaient modeler leurs Hercules, & dessiner les traits de leurs Venus.

Cette belle nature se faisait remarquer jusques dans les animaux. Nos Physiciens ont observé (*a*) que la Syrie est encore le pays de l'Asie le plus favorable aux variétés heureuses des quadrupedes; leur robe y est aussi plus fine, plus lustrée, mieux nuancée. Il semble que ce climat rectifie toutes les imperfections, adoucisse toutes les couleurs, & embéllisse toutes les formes.

Des Historiens qui n'ont lu qu'un livre, conjecturent que la Syrie eut

______

(*a*) *Hist. Natur.* petite édition complette, tom. II. pag. 16.

de tems immémorial, ſes mœurs, ſes
loix , & ſon gouvernement. On a
même écrit que les gorges du Liban
& de l'Antiliban avaient fourni quatre
dynaſties de ſouverains , c'eſt-à-dire ,
des rois de Zobah , de Hamath, de
Geshur & de Damas. Toutes ces opinions ſont plus qu'incertaines. Il eſt
certain qu'on ne voit aucune trace de
cette indépendance des Syriens dans les
annales de Suze , de Ninive , de Babylone & d'Ecbatane. L'Orient & la Grèce
ſe taiſent de concert , quand il s'agit
des quatre dynaſties de rois qui ſe par-
tagaient les gorges du Liban & de l'Antiliban. Il eſt probable que tous ces Rois
de l'antique Syrie n'ont jamais exiſté ,
ou que , s'ils ont exiſté , ils n'ont rien
fait de mémorable ; ce qui eſt la même
choſe pour l'écrivain philoſophe , qui
aſſigne aux nations des rangs dans
l'Hiſtoire.

La Syrie ne commence vraiment à

paraître avec éclat parmi les monarchies de notre continent, qu'à l'époque de l'avénement des Seleucides ; c'eſt alors que cette terre fortunée devint le centre d'un vaſte empire, qui s'étendait de l'Inde, juſqu'à la mer Egée. C'eſt auſſi le moment que nous choiſirons, pour jetter un coup d'œil philoſophique ſur le peu de fragmens qui nous reſtent de ſon Hiſtoire primitive.

HISTOIRE MUTILÉE

DES ANCIENS ARABES.

POUR peu qu'on fuive le fil de nos idées, on voit qu'une colonie du Caucafe, arrivée à l'Antiliban, a pu, en fuivant la direction de cette chaîne, arriver jufqu'aux montagnes de l'Arabie (*a*), & les peupler à une époque qui échappe à tous les calculs des Philofophes.

GEOGRAPHIE. — L'Arabie eſt

(*a*) Ces montagnes forment une longue chaîne qui traverfe toute l'Arabie du Nord au Midi ; voyez *le dernier voyage en Arabie*, entrepris fous les aufpices des rois de Dannemarck, par Niehbur, édit. de Coppenhague, de 1776, pag. 2. Cet ouvrage favant nous fervira de guide dans un grand nombre de nos recherches.

une vaste péninsule, bornée au Midi par la mer des Indes; à l'Orient, par le golphe persique; & au couchant, par la mer Rouge. Des rochers & des déserts de sables lui servent de remparts naturels du côté du Nord. Il me semble qu'en isolant ainsi l'Arabe à une extrémité de l'Asie, la nature lui a créé une patrie, & lui a ordonné d'être libre.

On connait la division vulgaire de cette vaste péninsule; en Arabie Pétrée, Arabie Heureuse & Arabie Déserte.

L'ARABIE PÉTRÉE touche à l'Afrique par l'Egypte, & à l'Asie par la Palestine. Petra sa capitale, qui était la résidence d'un Roi sous Auguste, lui a probablement donné son nom. En général, l'Arabie Pétrée est un pays de montagnes & de rochers, dont l'abord semble inaccessible. Parmi ces chaînes de montagnes, on distingue les monts Sinaï & Oreb, ou le Dieu des Israélites donna à Moïse les tables de la Loi.

C'eſt à l'extrémité orientale de l'Arabie Pétrée, qu'on trouvait encore ce port d'Eſiongaber, ſi célèbre dans les Livres Hébreux, parce que les flottes de Salomon en partaient, pour aller chercher de l'or dans Ophir. Ce port, ſous les Ptolemées, n'était déja plus connu que ſous le nom de Bérénice.

L'ARABIE HEUREUSE paſſe, chez les Muſulmans, pour le paradis terreſtre du globe, à cauſe de l'avantage qu'elle a de poſſéder, dans ſon ſein, les villes de la Mecque & de Medine, berceau de la religion de Mahomet.

La Mecque ſur-tout, ſi l'on en croit les enthouſiaſtes de l'alcoran, eſt une des premières villes du monde. Abraham l'habitait ; & la fameuſe Kaabah, centre de la moſquée, que les Muſulmans ont rendue ſi célèbre par leurs pélérinages, fut, dit-on, bâtie par ce patriarche. Quel que foit l'architecte de ce monument , fa fimplicité & le ciment impénétrable qui en lie toutes les parties , annoncent fa prodigieufe antiquité. Les Arabes ont eu le bon efprit de ne rien changer à l'architecture de cette Kaabah , & de placer , à une affez grande diftance , les édifices modernes qui l'entourent. La vénération profonde que l'Orient , de tems immémorial , a pour cet antique monument des Arabes , nous a engagé à le faire graver avec la mofquée mufulmane qui lui fert d'enceinte.

Quoique l'Arabie Heureufe fe prolonge vers l'Océan , jufqu'à la naiffance de la mer Rouge , il ne paraît pas qu'elle ait jamais été habitée par des navigateurs. Le nom de Babelmandel , que les indigenes ont donné au détroit qui unit les deux mers , fignifie en Arabe , *porte de douleurs* , & défigne l'effroi que leur infpirait l'idée de le traverſer. Ce n'eſt pas là le nom que les Phéniciens auraient donné à un détroit qui leur facilitait la découverte des deux mondes.

Aléxandre qui, du moins, a annobli le métier des conquêtes par ſes grandes vues, & par le bien qu'il méditait de faire aux hommes, regardait l'Arabie heureuſe à cauſe de l'heureuſe ſituation de ſes ports ſur l'Océan Indien, comme le pays que la naturé avait déſigné pour être le centre du commerce du globe. On prétend que, plein de ce projet, il voulut ſubjuguer l'Arabie entière, pour faire de l'Hyemen le ſiège de ſon empire. Il aurait alors entretenu l'ancien canal des Pharaons, qui faiſait communiquer le Nil à la mer Rouge, & tous les tréſors de l'Inde auraient paſſé d'Aden à Alexandrie. Ce héros vécut trop peu, pour exécuter cette magnifique entrepriſe, qui l'aurait immortaliſé d'avantage que la conquête ſtérile de l'Inde , & le détrônement de Darius.

La partie de l'Arabie Heureuse , qui a pour limites au Midi l'Océan , & à l'Occident la mer Rouge , est celle qui mérite le plus de fixer nos regards ; elle est connue depuis un grand nombre de siècles , sous le nom d'Hyemen. On y distinguait , dans les premiers âges , beaucoup de peuples célèbres par leur bravoure , tels que les Minéens , les Sabéens & les Homerites. Mareb était la résidence de la dynastie des Princes Homerites ; on ne sait si c'est à Mareb ou à Saba que vivait la reine Basanée , qui vint à Jérusalem admirer par elle-même la sagesse de Salomon.

C'est dans l'Hyemen , qu'on trouvait une contrée de Segher (appellée *Sochor* par Ptolemée) d'où l'on tirait l'encens le plus pur & le plus aromatique du globe.

Les savans pensent que l'ancienne isle de Dioscoride , aujourd'hui Socotra, était de la dépendance des rois de l'Hyemen. Il fallait qu'alors elle fût très-peu peuplée, puifque, fuivant le rapport des auteurs Arabes, une colonie Grecque vint s'y établir fous les aufpices d'Alexandre.

L'Arabie Déserte. Cette partie de l'Arabie, qui n'eft en général qu'une vafte plaine de fables arides & embrafés, ne fournit aucun détail ni à la Géographie ni à l'Hiftoire.

Les anciens ne connaiffaient de l'Arabie Déferte, que la partie qui eft limitrophe de la Syrie & de la Babylonie; ils ne s'étaient jamais hafardé à franchir les vaftes déferts qui fe prolongent de là, jufqu'au golfe de Perfe.

Le filence des Géogrophes fur l'intérieur des terres, nous oblige à nous borner à quelques détails fur les côtes maritimes. L'Arabie Déferte avait un port célèbre à Mofcha, aujourd'hui Mafcat, long-tems occupé par les Portugais , lorſque la mer des Indes était couverte des flottes victorieuſes des Gama & des Dalbuquerque.

L'ancienne iſle de Tylos , aujourd'hui Baharem , eſt encore plus célèbre à cauſe de ſa pêche de perles , qui formait une branche conſidérable de commerce dans la plus grande partie de l'Aſie.

HISTOIRE NATURELLE. — En général , le climat de l'Arabie , ſur-tout du côté de l'Hyemen , a toujours été favorable au développement de tous les germes. Les raiſins ſans pepins , les pommes de grenade , les pêches y croiſſent preſque d'elles-mêmes ; la récolte du froment , du coton , de l'indigo , de la canne de ſucre , ne trompent jamais l'attente du cultivateur.

Je ne parle point ici du caffé ni de l'arbre odoriferant , connu ſous le nom de baume de la Mecque , parce que leur découverte n'eft pas d'une haute antiquité.

Si l'on jette fes regards en Arabie fur le genre animal, là nature n'y étale pas moins de magnificence ; on connait les dromadaires, les lions & les finges de cette contrée : fur-tout le chameau, l'efclave pacifique de tout homme qui n'en a point. Strabon dit que prefque tous les animaux de l'Afie, de l'Afrique & de l'Europe font indigenes chez les Arabes. Ce texte nous épargne les détails d'une favante defcription.

Ce grand Géographe n'excepte du catalogue de ces animaux indigenes à l'Arabie, que trois quadrupedes & deux oifeaux ; & parmi les trois quadrupedes, on eft fingulièrement étonné de trouver le cheval (*a*). Ce n'eft

_____

(*a*) Voici le texte : *Pecorum omnis generis copia, exceptis mulis equis & porcis. Avium etiam*

donc que depuis environ vingt siècles, qu'on a fait dans l'Hyemen la
conquête de ce quadrupede; car les
Arabes, soigneux de ne point altérer
sa race, conservent sa filiation dans
leurs titres de famille, quelquefois dans
un intervalle de deux mille ans. Ils
ont perdu la généalogie de leurs Rois,
mais ils la remplacent par celle de leurs
chevaux.

Il n'est point inutile d'observer, en
achevant ce tableau de l'Histoire naturelle de l'Arabie, que tout, dans cette
contrée, porte l'empreinte d'un pays
lentement abandonné par la mer; on
y rencontre très-souvent des lacs salés
dans le centre des terres. Il y a, auprès de Basrah, une vallée entière couverte de sel fossile. Le savant Niebuhr,

---

omnium, præter anseres & gallinas. Voyez
Strabon, *Géograph. lib.* 16.

qui vient de parcourir l'Arabie fous les aufpices du roi de Dannemarck, s'exprime ainfi : « On rencontre fur toutes » les côtes des vaftes pays que j'ai par- » courus , des indices que la mer s'eft » retirée. Muza , que tous les anciens » auteurs difent avoir été un port de » l'Arabie Heureufe , eft éloignée au- » jourd'hui de la mer de plufieurs lieues » d'Allemagne. On voit près de Loheia » & de Dfjidda , de grandes collines » revêtues de corail. Les environs de » Suez font couverts de pétrifications » & de coquillages. Il y a donc quel- » ques milliers d'années que le golfe » d'Arabie était plus large, & s'éten- » dait plus vers le Nord , fur-tout » le bras qui a fa direction vers » Suez (*a*). ».

Je rencontre , à chaque pas , de

______

(*a*) *Voyage en Arabie* , de Niehbur , pag. 348.

nouvelles preuves de ma théorie du monde primitif ; mais j'ai trop de confiance dans les lumières de mes lecteurs, pour ne pas me difpenfer de les faire valoir.

RELIGION. — Hérodote, qui n'écrit jamais les annales des étrangers, que fur celles de fa nation, prétend que les Arabes adoraient Venus-Uranie ; mais le mot de Venus eft latin, celui d'Uranie eft Grec ; affurément les Arabes, qui poffédaient une des langues primitives du globe, ne fe feraient point abaiffés à y introduire des termes de langues européennes, nées une foule de fiècles après la leur. Cette réflexion eft naturelle ; Hérodote l'aurait faite lui-même, s'il n'avait pas eu la manie de ne compofer fon Hiftoire que pour fon petit Archipel (a).

(a) Il eft vrai qu'Hérodote ajoute dans un autre endroit, que l'Arabe adoraît fous le nom

Les Arabes, de tems immémorial, ont adoré un dieu rénumérateur & vengeur, & le comte de Boulainvilliers a prouvé (*a*) que c'était sur-tout chez ce peuple, le seul des deux mondes, avec les Chinois, qui ait toujours joui de son indépendance, que ce culte simple & sublime a dû se conserver le plus long-tems dans toute son intégrité.

Le soleil, chez les Arabes, comme chez les Perses, était le symbole de la divinité.

On lui donna dans la suite pour ad-

---

d'*Alilat*, sa Venus Uranie ; mais il n'y a aucun rapport entre la simple planete Alilat des Arabes & la divinité compliquée que les Métaphysiciens Grecs appellaient *Uranie*. Assurément Hérodote n'entendait rien au Sabisme, qui a été la religion primitive de l'Asie ; ou bien il a voulu créer une ancienne généalogie à sa Venus.

(*a*) *Vie de Mahomet*, pag. 147.

joints des dieux fubalternes , & ces dieux furent les étoiles.

Enfin, quand les Arabes furent diftinguer les planètes des étoiles fixes, ils firent des premières , autant de médiatrices entre le foleil & la terre.

On voit, par cet expofé , que le peuple , dont nous écrivons l'Hiftoire, n'a jamais été aftronome. S'il avait eu un obfervatoire pareil à celui du temple de Belus , il aurait fuppofé toutes les planètes des corps de la même nature que le globe qu'il habitait ; il n'aurait pas plus fait de faturne le médiateur de la terre , que de la terre la médiatrice de faturne.

Un Callifthene ou un Newton lui aurait fait preffentir que les étoiles fixes étant prefque toutes des fphères lumineufes , infiniment plus grandes que notre foleil , ne pouvaient être les grands vifirs de ce premier fultan de l'univers.

Ainſi, un téleſcope aurait ſuffi pour ramener l'Arabe au culte de la raiſon.

ROIS DE L'HYEMEN. — L'Arabie Pétrée & l'Arabie Déſerte, pays de rochers & de ſables, n'ont jamais pu être la demeure que de quelques tribus errantes, cherchant leur ſubſiſtance dans d'obſcurs brigandages. Il ne faut point y chercher de trônes, & ſur-tout des trônes héréditaires.

Il n'en eſt pas de même de l'Hyemen. Cette contrée, placée ſous un ciel plus heureux, jouiſſant d'une nature plus riante, ayant dans ſon ſein des peuples plus civiliſés, dut avoir des Rois de tems immémorial. Ces Rois n'ont pas été inconnus en Aſie ; on en voit un, du tems de Ninus, qui aide ce prince à ſubjuguer ſon pays (a). Un autre envoye une armée dans la Perſe,

____

(a) *Hiſt. des Hommes*, ancienne, tom. 4. pag. 106.

pour la délivrer du joug d'un tyran ,
qui dégradait le trône de Keyomaras.
Les Arabes de l'Hyemen ont leurs intérêts liés avec ceux de tous les peuples
dominateurs de l'Afie primitive ; mais
il eft impoffible , après tant de fiècles
écoulés , de réunir tous ces faits ifolés
de maniére à en former un corps d'Hiftoire.

Ce qui contribue à redoubler les
ténèbres autour de cette Hiftoire des
rois de l'Hyemen, ce font les contradictions qui règnent entre les écrivains
de l'Orient , fur les faits qu'on leur
attribue. Par exemple , on trouve , à
une des portes de Samarcande , une infcription en caractères Hémiaritiques
(ils défignent la langue primitive de
l'Arabie Heureufe) : & les auteurs Arabes qui la déchifrent , fe réuniffent
à penfer que les rois de l'Hyemen éten-
dirent autrefois leurs conquêtes en Afie,

& fondèrent Samarcande (*a*). D'un autre côté, les Arabes, confultés par Niehbur, avouent qu'ils ont eu des fouverains originaires de Samarcande , & qui ont apporté dans le pays la religion de Zoroaftre (*b*). Il y a une foule d'autres contradictions de ce genre dans l'Hiftoire de l'Hyemen ; mais comme elles ne regardent que de petits faits , il eft de la majefté de cet ouvrage de ne point l'abbaiffer à les difcuter.

Le catalogue le plus étendu que nous connaiffions des anciens rois de l'Hyemen , eft celui que le favant Pockoke a publié dans fon Effai fur l'Hiftoire des Arabes. Les tems qu'il embraffe , s'étendent dépuis la mort d'Heber , patriarche des Hébreux, jufqu'à la conquête de l'Hyemen par les Ethyopiens ,

---

(*a*) Voyez d'Herbelot , *Biblioth. Orient.* article *Samarcande.*

(*b*) *Voyage en Arabie* , pag. 163.

70 ans avant la naiffance de Mahomet ; ce qui forme un intervalle de deux mille trois cents dix-neuf ans.

Mais ces faftes de l'Hyemen n'offrent qu'une lifte de 46 Rois ; ce qui fuppoferait à chacun d'eux plus de 50 ans de règne : calcul qui ne peut fe lier ni avec la chronologie ni avec la raifon.

Notre académie des Belles-Lettres , toujours occupée du progrès de nos connaiffances , profita , il y a vingt ans , du voyage des favans de Dannemarck en Arabie , pour les engager à rectifier cette chronologie de l'Hyemen. Afin de les mettre fur la voie , elle leur donna un tableau des faftes de cette monarchie, tel qu'il pouvait réfulter des calculs de Pockoke , de d'Herbelot , & des favans les plus diftingués de l'Europe. Prefque tous ces illuftres voyageurs moururent , & Niehbur , qui leur furvécut , ne réfolut point le problême.

Il ne nous refte en ce moment , foit

fur l'Hiftoire de l'Hyemen , foit fur fes faftes, que le tableau précieux de l'académie. Nous nous faifons gloire de le tranfcrire; mais pour ne point rompre l'unité de cet ouvrage, nous fubftituons , à la manière de fupputer les tems , employée par nos maîtres , nos deux époques ordinaires : c'eft-à-dire, l'ere de Callifthene, & le calcul des tems écoulés entre l'événement qu'on expofe , & l'année 1780.

FASTES

DU ROYAUME DE L'HYEMEN. (a)

	De l'Bre de Cal-lifthene.	Jufqu'à nous.
JOCTAN ou KATHAN, fils du patriarche Heber , eft regardé , par les Arabes, comme le premier roi de l'Hyemen ; il commence à regner.	413	3597
YARAB , fon fils, fuc-cède à fon trône. Son regne , allongé par les orientaux , doit être réduit à l'inter-valle d'une génération , qui eft communément de 30 ans.	443	3567
YASCHAB remplace fon père , & doit régner à peu près autant que lui. . .	473	3537
ABDSCHAMS , fils		

(a) *Hift. de l'Académ. des Belles-Lettres*, édit. *in-12.* tom. 14. pag. 20.

d'Yafchab, eſt cenſé encore reſter ſur le trône trente ans. . . . . . . | 503 | 3507

HAMYAR, fils d'Abdſchamps, donne ſon nom aux Rois de ſa dynaſtie. Ces Rois regnèrent deux mille vingt ans, ſelon Abulfeda; à quoi il faut ajouter environ cent quatre vingt ans, pour les règnes des uſurpateurs, enclavés entre ceux des Hamyarites; ce qui fait en tout deux mille deux cents ans. Cette race des Hamyarites n'a fini que l'an 502 de notre Ere; ainſi, en rétrogradant de vingt-deux ſiècles, on aura, pour le commencement du règne de Hamyar. . . . . | 532 | 3478

VAYEL. Nouveau régne d'une génération. . . | 562 | 3448

ALSACSAR. Il faut encore compter trente ans pour ce règne. . . . . . | 592 | 3418

YAFAR monte ſur le trône, après les trente ans du règne de ſon prédéceſ-

De l'Ere de Callisthene.	Jusqu'à nous.
503	3507
532	3478
562	3448
592	3418

feur ; mais il eft dépouillé par un ufurpateur, & fon règne ne doit pas être compris dans ces faftes.

DHOURIASCH , iffu d'un neveu de Vayel, détrône Yafar ; il eft cenfé régner 15 ans. . . . . . **622** | **3388**

NOMAN , fils d'Yafar, chaffe, à fon tour, l'ufurpateur du trône de l'Hyemen, & règne 15 ans. . . . **637** | **3373**

ASMAH, fils de Noman, eft détrôné par un Schaddad, iffu d'un frère d'Hamyar. Il commençe à regner. . . **652** | **3358**

SCHADDAD fe maintient dans fon ufurpation pendant fept ans, & tranfmet le trône de l'Hyemen à fes frères. . . . . . **659** | **3351**

LOKMAN , frère de Schaddad, règne auffi fept ans. . . . . . . **666** | **3344**

DHOUSADAD , frère de fon prédéceffeur, peut avoir régné huit ans. . . **674** | **3336**

HARETH. On recommence à lui donner un rè-

	De l'Ere de Callisthene.	Jusqu'à nous.
gne d'une génération ; il commença à régner. . . .	682	3328
DHOULCARNAIN - ASSAAD. Nouveau règne de 30 ans.	712	3298
DOULMANAR-ABRAHAH, succède à son père, & règne autant que lui. .	742	3268
AFRIKIS. Ce prince passa en Afrique ; mais on ignore si ce fut en qualité de conquérant, ou s'il fut contraint de s'y retirer, parce qu'il fut détrôné par les rois d'Assyrie. Ces deux opinions ont des partisans parmi les orientaux. Il commença à regner.	772	3238
DHOULADAR, frère d'Afrikis. Son règne . ainsi que celui de son prédécefseur, ne doit former que la moitié d'une génération.	787	3223
SCHARHABIL, descendu d'un petit-fils d'Hamyar, dépouille son prédécesseur, & remet le trône d'Hyemen		

	De l'Ere de Cal- lifthene.	Jufqu'à nous.
dans la maifon des Hamya-rites.	802	3208.
ALHODAD fuccède à fon père. Le règne de Schar-habil n'avait pas dû être très-long ; ce prince ayant été obligé de conquérir fon royaume. Au lieu de faire regner le père & le fils cha-cun une génération , il fem-ble qu'il eft plus vraifem-blable de les mettre fur le trône chacun 20 ans. Alho-dad commenca donc à ré-gner.	822	3188
Commencement d'un vuide dans les faftes de l'Hyemen , que l'académie porte à plus de 400 ans. .	842	3168

BALKIS. Au bout de cette efpèce d'interregne de quatre fiècles , on voit paraître, par-mi les fouverains de l'Hye-men , une femme , nommée Balkis , qu'on croit avoir vifité Salomon. En conci-liant la chronologie des Arabes avec celle des Hé-

	De l'Ere de Cal-listhene.	Jusqu'à nous.

breux , on trouve que cette princeffe regnait. . . . . | 1250 | 2760 |

L'académie, à l'occafion de Balkis , avait fait des queftions curieufes aux favans de Dannemarck. Elle voulait qu'on examinât , fi le voyage de la princeffe Arabe en Paleftine n'avait pas pour objet un traité de commerce. Plufieurs écrivains , en effet , font perfuadés que l'Hyemen n'était autre chofe que l'Ophir de la Bible , d'où les flottes de Salomon faifaient des retours fi avantageux. Ils difent que l'or était à vil prix dans cette partie de l'Arabie ; ils citent Agatarchide , qui rapporte qu'on y donnait le double du poids en or pour du fer , le triple pour du cuivre , &c. On demande fi cet or provenait des mines de l'Hyemen , fi elles fubfiftent encore , ou du moins , s'il refte des traces qu'elles ont exifté ? Suppofé qu'il n'y en ait point de veſtiges, ſerait-on mal fondé à penſer que cet or n'était point une production du pays, & qu'il y était apporté de l'Inde , peut-être avec ſes parfums ?

MALEC, frère de Balkis, ſuccède à ſa ſœur. . .

Ce prince s'étant expoſé à traverſer avec une armée une de ces plaines de ſables embraſés, qui ſont ſi communes en Arabie, la vit périr toute entière. Dans ſon déſeſpoir, il fit ériger un monument funèbre, & fit graver, ſur l'airain, le récit de cet événement, de manière que ſa gloire était ſacrifiée à la patrie & à la vérité. Ce Malec mérita de ſes ſujets le titre de Bienfaiſant.

SCHAMER, fils de Malec, lui ſuccède. . . .

Abulfeda rapporte que ce prince fit graver, ſur une des portes de Samarcande en

	De l'Ere de Callithene.	Juſqu'à nous.
MALEC, frère de Balkis, ſuccède à ſa ſœur.	1272	2738
SCHAMER, fils de Malec, lui ſuccède.	1294	2716

caractères Hamyarites, une
inscription, qui portait que
la distance de *Sannaa* à *Sa-*
marcande était de mille pa-
rasanges.

	De l'Ere de Callisthene.	Jusqu'à nous.
ABOUMALEC hérite du trône de son père. . . .	1317	2693
AMRAN. Ce prince n'é-tait point Hamyarite, & il usurpa le trône sur le légiti-me héritier.	1340	2670
AMROU - MAZIKIA, frère d'Amran. Il est censé n'avoir régné, entre lui & son prédécesseur, que l'in-tervalle d'une génération. .	1355	2655
AL-ALKRAM, fils d'A-boumalec, remet le trône dans la maison des Hamya-rites.	1370	2640
DHOUMAB - SCHAN succède à son père. . .	1380	2630
Ce règne est célèbre par une inondation mémorable, qui renversa la ville royale de Saba, & submergea pres-que tout l'Hyemen.		
TOBBAA, frère du roi précédent.	1390	2620

	De l'Ere de Callisthene.	Jusqu'à nous.
C'est pour la première fois que ce nom de dignité, qui répond aux Pharaons de l'Egypte & aux Czars de la moderne Russie, est employé dans le catalogue de Pockoke, pour suppléer le nom d'un prince qu'on ne connait pas.		
LOLAÏCARB, fils du prince anonyme qui précède, succède à son trône.	1400	2610
La durée naturelle de ce regne a dû être d'une génération; mais le prince qu'on voit après dans le catalogue des Arabes, n'est porté sur le trône, que 702 ans après l'avénement de Lolaïcarb; ainsi, il y a dans les fastes de l'Hyemen, un nouveau vuide, de plus de six siècles & demi.		
Commencement du second vuide, dans la chronologie de l'Hyemen. . . .	1430	2580
ABOUCARB monte sur le trône.	2102	1908
On fixe l'avénement de		

ce prince 700 ans avant la
naiſſance de Mahomet ; or ,
on ſait que le prophète des
Muſulmans naquit l'an 572
de notre Ere vulgaire. Ainſi,
il s'eſt écoulé véritablement
1908 , depuis qu'Aboucarb
eſt monté au trône de l'Hyemen.

On prétend que ce prince
introduiſit le premier le Ju-
daiſme chez les Arabes ;
d'autres en font honneur à
la Reine qui viſita Salomon.
Toutes ces opinions ne ſont
rien moins que prouvées.

Aboucarb fut tué par un
prince de ſa maiſon.

	De l'Ere de Calliſthene.	Juſqu'à nous.
HASSAN , fils d'Haboucarb , lui ſuccède. . . .	2112	1898
Il meurt aſſaſſiné de la main de ſon propre frère. AMROU - DHOULA-WAD monte ſur le trône.	2122	1888
Il jouit dix ans du fruit de ſon crime. ABDEELAL, fils d'Amrou	2132	1878
TOBBAA , frère d'Am-rou.	2147	1863

	De l'Ere de Calisthene.	Jusqu'à nous.
HARETH, autre fils d'Amrou.	2162	1848
MORTHED, fils d'Abdeelal.	2177	1833
VACCIAA, fils de Morthed.	2192	1818

Quelque long qu'on suppose ce regne, il ne peut atteindre celui de son successeur, qui ne monte sur le trône de l'Hyemen, que 388 ans après l'avénément de Vacciaa. Il faut donc encore supposer un nouveau vuide de trois siècles & demi dans les fastes des Arabes.

	De l'Ere de Calisthene.	Jusqu'à nous.
Commencement du troisième interregne. . . .	2230	1780
ABRAHAH, fils d'Alsabah.	2580	1430
SABHAN, fils de Dakikan.	2610	1400
DHOUSCHANATER.	2640	1370

Ce prince fut tué par un jeune Arabe, à qui il avait voulu faire violence.

	De l'Ere de Calisthene.	Jusqu'à nous.
DHOULNAOVAS. . . .	2666	1344

Ce prince perſécuta les Chrétiens de ſes états ; ce qui lui attira une guerre ſanglante avec l'Ethyopie.

Dhoulnaovas vaincu & réduit au déſeſpoir, ſe précipita dans la mer, & laiſſa l'Hyemen ſous le pouvoir des rois de l'Ethyopie, qui firent gouverner ce royaume par des vicerois.

Le monarque Arabe avait régné, dit-on, 66 ans, quand cette cataſtrophe arriva ; & ſa mort tombe l'an 70, avant la naiſſance de Mahomet.

	De l'Ere de Cal- liſthene.	Juſqu'à nous.
Mort de Dhoulnaovas, & fin de l'empire de l'Hye- men.	2732	1278

FRAGMENS GÉOGRAPHIQUES

ET HISTORIQUES

SUR L'INDE PRIMITIVE.

L'HYEMEN, dans le tems de sa splendeur, commerçait avec l'Inde, par l'intermede de la Perse. Terminons nos vues sur la population successive de l'Asie, par nos observations sur ces Indiens, qui n'ont pas mis assez de poids dans l'équilibre politique de notre continent, pour mériter une place distinguée dans l'Histoire des hommes.

L'Inde primitive n'offre à nos recherches que des monumens isolés & épars ; son Histoire mutilée ne tient à aucun système général ; essayons cependant de mettre dans notre voyage l'ordre qui manque à ses annales.

CONNAISSANCES GÉOGRAPHI-QUES *(a)*. —L'Inde eft, fans contre-dit, la région la plus vafte de l'ancienne Afie; mais jettée, par la nature, à l'extrémité du continent, les Peuples dominateurs, qui fe partagèrent l'empire du globe, jufqu'à Alexandre; ne connurent d'elle que fon nom, fes ambaffadeurs & fes brachmanes *(b)*. En vain le Bacchus des Atlantes y avait porté fon culte; en vain l'orgueil de

---

(a) L'ouvrage de ce genre, qui a jetté le plus de lumières fur notre travail, eft le volume *in-*4°. du célèbre Danville, qui a pour titre : *Antiquité Géographique de l'Inde,* édit. de l'Imp. Royale, de 1775.

(b) « Peu de perfonnes, dit Strabon, ont
» vu l'Inde. La plupart n'en parlent que par rap-
» port. Les Grecs eux-mêmes ne font entrés,
» dans cette partie de l'Afie, que très-tard. Ce
» beau climat ne leur fut guère ouvert que par
» les conquêtes d'Alexandre. *Géograph. lib.* 15.
pag. 685.

Semiramis était venu fe brifer contre le pouvoir du roi Indien Strabrobrates ; tous ces événemens n'avaient laiffé aucune trace dans la mémoire des hommes, & l'Inde était encore un monde tout neuf, à l'époque des conquêtes du héros de la Macédoine.

Le nom propre de l'Inde , avant qu'il ait été défiguré dans les grammaires de l'Europe , eft *Hindou*, & celui du fleuve principal qui l'arrofe, eft *Sind* (*a*). C'eft au philofophe à rappeller ces étymologies nationales , que nos langues orgueilleufes tendent fans ceffe à faire oublier.

La géographie de l'Inde , fur-tout dans la partie qui eft arrofée de l'Indus, n'eft guère connue que par l'expédition d'Alexandre ; ainfi l'itinéraire de l'ar-

---

(*a*) *Indus , incolis Sindus appellatus.* Voyez Plin. *Hiſt. Natur. lib.* 4. *cap.* 20.

mée de ce héros, nous servira souvent
de guide dans notre voyage.

Alexandre entra dans l'Inde par les
gorges du Paropamise ; & pour laisser
un monument de son audace heureuse,
il y bâtit une ville, qui porta long-
tems son nom, & qu'on croit être Kan-
dahar.

Ce prince, en s'approchant de l'Indus, rencontra une ville de Nysa,
dont les traditions Indiennes attri-
buaient la fondation à Bacchus. Sa position, entre les 32 & les 33 degrés
de latitude, désigne qu'elle était la
métropole d'un pays célèbre par les découvertes astronomiques des Brachmanes.

Le héros, en s'avançant vers les
sources de l'Indus, fut tout-à-coup
arrêté par une forteresse d'Aornos, si-
tuée sur une roche inaccessible de 200
stades de circonférence. La tradition
du pays voulait qu'un héros, aussi célè-

bre que le paladin Ruftan de la Perfe, eût tenté fans fuccès le fiège de cette place. Cette tradition ne fervit qu'à échauffer la valeur d'Alexandre, qui, à force de perfévérance, de bonheur & d'intrépidité, parvint à en faire la conquête.

Il paraît que cette roche d'Aornos, eft la forterefle de Renas, que de nos jours le Sophi Schah Nadir rencontra fur fa route, après avoir fubjugué l'Indoftan.

On ne croit pas qu'Alexandre ait franchi les montagnes de cette partie de l'Inde, pour entrer dans le royaume de Cachemire ; cependant c'était un des pays du monde les plus faits, par fes richeffes naturelles, pour tenter la cupidité des conquérans.

Les Cachemiriens étaient célèbres autrefois par leur étonnante légèreté ; ils auraient paffé en vîteffe la Camille de l'Enéide ; telle eft peut-être l'étymo-

logie de leur nom antique de Cosséens,
dérivé de Coss, qui désigne encore dans
l'Inde une mesure itinéraire.

Quand, après avoir parcouru la partie
supérieure de l'Inde, on suit ce fleuve
jusqu'à son embouchure, on rencontre
l'Hydaspe, aujourd'hui le Shantrow,
rivière qu'Alexandre osa traverser à la
vue de Porus. Cet exploit fut suivi
d'une victoire complette, qu'il rem-
porta contre le monarque Indien. Le
héros, pour éterniser la mémoire de
ce jour mémorable, bâtit, sur le champ
de bataille, une ville de Nicæa; &
comme son cheval lui avait été très-
utile dans le passage de l'Hydaspe, il
construisit en même tems, sur la rive
opposée du fleuve, une autre ville de
Bucephalie. On ne sait plus dans l'Inde
où sont les ruines, ni de la ville du
héros, ni de celle de son cheval.

Peu après la défaite de Porus, la
flotte d'Alexandre descendit l'Hydaspe,

& employa cinq jours avant d'arriver au confluent de ce fleuve & de l'Acefine. La première nation qu'il trouva, après le confluent, fut les Sibes, dont les chefs, couverts d'une peau de bête féroce, & armés d'une maſſue, se dirent iſſus des compagnons d'Hercule.

L'Acefine joint à son tour ses eaux à celle de l'Hydraotes ; & entre ces deux rivières, sont placées pluſieurs villes, dont Hermotalie la capitale, était sous le pouvoir des Brachmanes.

Cette contrée paraît limitrophe de celles qu'occupaient les Malliens & les Oxydraques. Alexandre, dont rien n'é galait l'audace, se battit preſque seul dans une fortereſſe de ces Indiens, contre une armée entière, fut bleſſé, & courut riſque de perdre la vie. Les Hiſtoriens sont partagés sur le lieu de la scène. Strabon & Arrien la placent chez les Malliens, & Quinte-Curce chez les Oxydraques.

Le héros Macédonien guéri de sa bleffure , fit bâtir deux nouvelles villes d'Alexandrie ; l'une , au lieu où l'Hyphafe confond fon onde avec celle de l'Acefine , & l'autre à environ quatre journées au-deffous , chez les Sogdiens. Toutes ces villes bâties chez les peuples fubjugués , font pardonner le mal qu'Alexandre a fait à l'Inde par fes conquêtes.

L'Indus , à fon embouchure , fe partageait , à l'époque dont nous parlons , en fept branches ; mais il n'y en avait que deux de navigables , & Alexandre s'en fervit pour faire defcendre fa flotte jufques dans l'Océan.

On ne connaîtrait que très-imparfaitement l'Inde primitive , fi nous ne joignions aux notions que l'expédition d'Alexandre nous a laiffées fur les peuples qui cultivent les bords de l'Indus , celles qu'on peut recueillir des Hiftoriens de l'antiquité , fur les habitans fortunés des rivages du Gange.

Ce ne fut guère que fous les Seleu-cides, que les anciens eurent des lumiè-res fur les contrées que le Gange arrofe de fon onde génératrice , & encore ces lumières furent-elles long-tems vagues & incertaines , parce que les puiffances de l'Afie y firent voyager des négocians , plutôt que des philo-fophes.

Palibothra était la première ville diftinguée qu'on rencontrait fur le Gan-ge ; elle était la capitale des Prafiens, & on nous la repréfente , par fon opu-lence , comme la Babylone de l'Inde. Elle formait une efpèce de parallelo-gramme , dont le petit côté avait quinze ftades d'étendue , & le grand quatre-vingt. En réduifant le ftade de l'Inde à cinquante toifes , il fe trouverait encore que Palibothra , dans fa plus grande dimenfion , ferait d'environ quatre cents toifes plus étendue que Paris , renfermé entre les barrières de ses fauxbourgs. Il est vrai que sa largeur ne répondrait qu'à un tiers de la largeur de notre capitale.

Palibothra s'appelle aujourd'hui Helabas ; on la dit le centre d'un pélerinage religieux, célèbre dans l'Indostan. Helabas n'est éloigné que de vingt-cinq lieues de Benarès, l'Athènes des Brachmanes.

Agra, Lahor & Delhi, maintenant les villes les plus florissantes de l'Indostan, existaient, dit-on, vers le tems des Seleucides, mais dans la plus profonde obscurité ; ce sont vraiment les souverains des Mogols, qu'il faut en regarder comme les fondateurs.

Sur la route de Delhi à Lahor était une ville de Serend, célèbre sous les Césars de Constantinople. Justinien en fit venir des vers à soie, pour faire tomber une partie importante du commerce de la Perse.

Le Gange , qui arrofe toute cette contrée , fut long-tems inconnu aux anciens. Les Indigenes eux - mêmes contribuaient, à cet égard, à épaiffir les nuages répandus fur fon còurs & fur fon origine. Ils publiaient que ce fleuve fortait tout entier d'un rocher, figuré comme la tête d'une vache (on fait que ce quadrupède eft facré pour eux). Ils adoraient donc & la vache & le Gange & le rocher ; mais la fource du fleuve reftait toujours inconnue.

Ce n'eft que par les cartes qu'a fait dreffer de nos jours le grand empereur de la Chine, Canghi , qu'on a fu que le Gange prenait fa fource dans les montagnes du Tibet , traverfait fuccef-fivement de grands lacs , fuivait fon cours vers le couchant , & après s'è-tre replié vers le midi , entrait dans l'Inde , en s'ouvrant par force un paf-fage au travers de fes montagnes.

Quand on arrive à l'endroit où le

Gange fe partage, on trouve les Gangarides de Ptolemée, fameux par la longueur de leur vie. On ne fait s'ils ont donné leur nom au fleuve, ou s'ils le tiennent de lui.

Si on quitte le Gange pour s'avancer dans la partie de l'Inde, qui fe prolonge vers le midi, on trouve une ville de Byfance (aujourd'hui Bifantangan). Sa proximité de la mer lui avait procuré un commerce régulier avec les navigateurs de l'Archipel, qui, fuivant leur ufage, avaient défigné cette ville par un nom Grec à l'Europe.

Barygaze, plus importante encore par fa pofition que Byzance, fut longtems l'entrepôt du commerce de l'Inde. C'était à Barygaze qu'était né l'ambaffadeur Indien, qui vint féliciter Augufte de la part d'un Porus, qui fe difait fouverain de fix cents rois. Après fon audience, il fit élever un bûcher, & s'y brûla tout vivant, pour donner aux

Romains une idée de l'intrépidité des Brachmanes.

La presqu'Isle de l'Inde, ou la Cherfonnefe d'or, n'était guères connue dans la haute antiquité, que de fes propres habitans. On n'avait pas des notions plus lumineufes fur la Taprobane (notre Ifle de Ceylan), qui fe trouvait à l'extrémité de la presqu'Ifle. L'aftronome Hypparque difait que c'était le commencement d'un nouvel univers ; d'autres penfaient qu'elle était peuplée par des Antichtones, c'eft-à-dire, que fa pofition répondait à nos antipodes. Cette ifle, la plus riche du globe en productions de la nature, n'a pu vraiment être appréciée par les philofophes de l'Europe, que lorfque les Portugais du fiècle des Gama & des Dalbuquerque ont été la fubjuguer. On fait que le roi de Portugal, Emmanuel, demandant à un de fes navigateurs qui revenait de cette expédition, fi

l'Ifle de Ceylan méritait fa grande re-
nommée , le marin lui répondit : « J'ai
» vu dans cette contrée une mer femée
» de perles , des rivages couverts d'am-
» bres gris , des montagnes de rubis ,
» des forêts d'ébene , des cavernes de
» cryftal de roche , & je vous apporte
» de tout cela dans mon vaiffeau ».
Quand nous en ferons à l'Hiftoire moderne de l'Afie , nous verrons que le
Portugais n'exagerait pas.

**ANTIQUITÉ DE LA POPULA-
TION DANS L'INDE.** — Nous avons
déja eu occafion, en parlant de l'architecture générale du globe , de nous étendre
fur les branches de la chaîne du Caucafe , qui , fous le nom de Taurus ,
d'Emod , d'Immaüs & de Paropamife ,
fervent , pour ainfi dire , de ceinture
à l'Inde. Cette communication naturelle , par l'intermede des montagnes ,
avec les Atlantes du monde primitif,
annonce l'antique population de l'Inde

aux hommes éclairés, qui favent fuppléer, par d'heureufes conjectures, au filence de l'Hiftoire.

Auffi, l'Indien a toujours cru qu'il était Autochtone; il l'a dit aux philofophes Grecs qui ont été s'inftruire auprès de fes Brachmanes, & il le dit encore de nos jours aux Européens, qui, après avoir dévafté fon pays, affis fur les ruines qu'ils ont faites, lui demandent froidement quelle eft fon origine.

Les favans qui n'ont pas la logique des Locke & des Freret, ont fait de pénibles recherches pour favoir quel était le peuple qui avait conduit la première colonie dans l'Inde. Diodore, plus près de dix-fept fiècles de l'Inde primitive, dit formellement que les habitans des bords de l'Indus & du Gange n'ont jamais reçu de colonies chez eux, & n'en ont envoyé nulle

part (*u*). Ils se sont toujours suffi à
eux-mêmes, comme le sage de Zenon,
& les dieux des intermondes d'E-
picure.

On trouve dans l'Inde des monumens dont on ne peut fixer l'antiquité,
même par approximation. Tel est le
fameux temple de Shalembroum, qu'on
voit encore à six lieues des ruines de
Pondicheri. Les inscriptions tracées sur
les murs sont dans une langue antérieure au Hamscrit, que les Brachmanes commencèrent à parler il y a quatre
mille cinq cents ans. Les Européens les
moins prévenus en faveur de l'antiquité du monument de Shalembroum,
le supposent antérieur aux pyramides
d'Egypte.

On retrouve dans l'Inde une division
politique du peuple en quatre castes,
telle qu'elle fut instituée dans les évan-

(*u*) *Histor. Univ. lib.* 2.

gilès de Brama, rédigés, dit-on, il y a plus de quarante-cinq fiècles. La première eft celle des Brames, la feconde des guerriers, celle qui lui fuccède des cultivateurs, & la dernière des artifans.

Une des plus fortes preuves de l'antiquité de la population dans l'Inde, eft le dépôt de connaiffances confervé à Benarès, une des premières villes bâties fur le globe. Affurément, des hommes qui ont un culte raifonné, des arts & une aftronomie, à une époque où le refte de la terre eft encore barbare, peuvent le difputer fur l'antériorité de l'origine, à tous les peuples qui fe difent autochtones.

DES BRACHMANES. — Ils furent les premiers prêtres, les premiers rois & les premiers philofophes de l'Inde. Ainfi, ils réuniffaient tous les titres que peuvent donner la nature & la loi pour gouverner les hommes.

La religion que ces Théocrates donnèrent aux Indiens , fut celle de tous
les hommes , qui ne confultèrent que
leur cœur fenfible & leur raifon. Voici
un texte de leur Shaftah , le premier
livre écrit fur la terre. « Dieu a toujours
» été , tout ce qui exifte lui doit la vie ;
» une fphère parfaite, que rien ne com-
» mence, ni ne termine , eft une faible
» image de fon excellence ; la provi-
» dence qui vivifie le monde , eft le
» réfultat de fes décrets éternels & inva-
» riables. Homme téméraire ne cherche
» point à pénétrer l'effence de cet être
» fuprême ; de telles recherches font à
» la fois vaines & criminelles; contente-
» toi de voir fa fageffe , empreinte dans
» fes ouvrages immortels ; & puiffe ce
» fpectacle te rendre plus vertueux (a) »!

____

(a) Voyez la traduction d'une partie du Shaf-
thah , par le favant Hollwell , dans le livre qui
a pour titre , *Evénemens Hiftoriques* du Bengale ;
tom. 2. pag. 38.

Un Dieu renumérateur & vengeur, une providence qui gouverne le monde, une ame immortelle : voilà quels furent les premiers dogmes que l'Inde reçut de ses prêtres rois.

Mais des hommes d'une imagination ardente, qui ont des lumières & du loisir, veulent encore connaître l'origine des choses ; alors ils créent une espèce de théogonie, qui anéantit à la longue, la religion sublime qui lui sert de base.

La théogonie des Brachmanes nous a été conservée par un savant Européen, qui a résidé à Benares, & qui a employé trente ans, d'une vie laborieuse, à étudier l'Inde en philosophe.

Hollwell (c'est le nom de ce savant respectable) commence ainsi sa traduction des Livres sacrés de l'Inde. Je rends le texte dans toute son intégrité.

« L'Eternel, dans la contemplation » de son existence, résolut de la par-

» taget avec des êtres capables de jouir
» de fa béatitude , & de contribuer à
» fa gloire : ces êtres n'exiftaient pas
» encore ; l'Eternel voulut , & ils exif-
» tèrent (*a*).

C'était pour notre monde folaire
le commencement des tems, Dieu
fit naître d'abord trois intelligences
céleftes : Birmah , ou l'être qui produit : Bitfnoo , ou l'être qui conferve :
& Sieb , ou l'être qui détruit. Enfuite ,
il créa les anges , qu'il divifa en différentes hyérarchies.

La moitié de ces anges fe révolta ,
pour jouir de l'indépendance. Alors
Dieu ordonna à *Sieb* , fon miniftre
deftructeur , de les précipiter dans les
ténèbres de l'Onderah , pour y être
punis dans l'éternité.

Quand les rebelles eurent été quel-

____

(*a*) *Evénemens Hiftoriques du Bengale* ,
tom. 2. pag. 43.

ques tems dans l'Onderah , les intelligences céleftes intercedèrent pour eux; l'Eternel s'appaifa , & commua leur fupplice en un tems d'expiation.

Par l'ordre de l'Etre fuprême , l'ame des anges prévaricateurs fut renfermée dans des corps mortels, pour y fubir alternativement quatre-vingt-neuf tranfmigrations ; voilà l'origine du dogme de la métempfycofe.

On croit que la première tranfmigration fe fit dans le corps des vaches ; c'eft depuis ce moment que la vache eft devenue, dans l'Inde, un animal prefqu'auffi facré que le bœuf Apis dans la monarchie des Pharaons.

Les quatre-vingt-neuf tranfmigrations devaient durer dix mille fiècles.

Enfuite on devait éprouver les coupables purifiés, pendant 11100 ans.

Le terme de tous ces tems de purifications & d'épreuves devait être le pardon des anges prévaricateurs , &

leur réunion dans le ciel avec les anges fidèles.

Cependant les rebelles , confinés dans leur exil, oublièrent bientôt à quel prix ils devaient un jour être heureux ; alors la première des intelligences céleftes dicta à un ange nommé Bramah , le code des loix que Dieu, dans l'origine , avait impofées à ces infortunés. Bramah fe revêtit d'une forme humaine, defcendit dans l'Inde, il y a environ quarante-neuf fiècles , traduifit le code facré de la langue célefte dans celle du Hamfcrit, & le donna lui-même aux anges prévaricateurs.

Tel eft ce fameux Chartah-Bhade , l'évangile de l'Inde, qu'on connait encore mieux fous le nom du Vedam ou du Shaftah.

Quinze cents ans après , des innovateurs composèrent, dans une langue mêlée du Hamfcrit & de l'Indien vulgaire, un commentaire Hétérodoxe du Shaftah , fous le nom d'Aughtorrah-Bade ; & comme ce commentaire favorifait plus la pente naturelle de l'efprit humain vers la crédulité , peu-à-peu il fit perdre de vue le fens du Shaftah & le Livre même. La publication de l'Aughtorrah-Bade eft l'époque des fuperftitions des Gentoux & de l'abfurde mythologie de leurs Brames.

Les Egyptiens & les Grecs femblent avoir puifé plufieurs de leurs contes religieux dans cette mythologie Indienne , qui nous paraît le chef-d'œuvre de l'extravagance humaine. On ne fe douterait pas , par exemple , que la fable d'Amphytrion , qui a fourni le fujet d'une comédie très-plaifante à Plaute & à Moliere , fût originaire de Benarès. Voici le conte , fuivant la verfion des Brames (*a*).

(*a*) C'eft Voltaire qui , le premier , a extrait

Un Indien, d'une force phyſique, digne de l'âge d'or, venait d'épouſer une très-belle femme ; il ne tarda pas à en devenir jaloux ; mais fuyant une lumière odieuſe, il ſe contenta de la maltraiter ; enſuite quittant ſa maiſon, il ſe mit à voyager.

Un dieu ſubalterne, profitant de la circonſtance, fait paſſer ſon ame dans un corps entièrement ſemblable à celui du mari jaloux, ſe préſente à l'Alcmene Indienne, lui demande pardon de ſes emportemens, la rend enceinte, & reſte le maître de la maiſon.

Cependant le vrai Amphytrion, las de voyager, revient dans ſa patrie, &

l'Hiſtoire de l'Amphytrion Indien, des Livres religieux des Brames ; on la trouve dans ſes *Fragmens ſur l'Inde & ſur le Comte de Lally.* Je ne la rapporte pas dans les termes même du beau génie qui l'a écrite ; ſon ſtyle épigrammatique contraſterait trop avec la majeſté de l'Hiſtoire.

trouve ſes biens & ſa femme au pouvoir d'un rival, qui a uſurpé ſon nom & ſa reſſemblance.

La cauſe eſt portée devant un Aréopage préſidé par un Brachmane intelligent, qui, après avoir écouté les deux Amphytrions, devine aiſément que l'un eſt un Dieu, & que l'autre eſt ſa dupe; il ordonne, pour le conſtater, à l'Indienne de paſſer la nuit alternativement avec ſes deux époux; l'Amphytrion homme put placer douze couronnes ſur la pyramide de Meſſaline; l'Amphytrion dieu réuſſit à en placer cinquante.

Le ſénat Indien décida auſſi-tôt que le dernier était le vrai Amphytrion. « Vous vous trompez tous, dit le Brach- » mane qui préſidait; le premier de ces » maris eſt un héros ſans doute, mais » il n'a pas paſſé les forces de la nature » humaine; pour ſon rival, à qui vous » adjugez la palme, ſoyez ſûr que ce

» n'eſt qu'un dieu , & un dieu qui ſe
» mocque de nous ».

Ce raiſonnement fut un trait de lumière pour tout le monde ; alors le
dieu confondu , avoua en riant ſa four-
berie , & s'envola par les fenêtres de
l'Aréopage.

Il y a , dans les traditions Indiennes,
beaucoup d'hiſtoires de ce genre , dont
la naïveté du peuple qui les raconte,
peut ſeule excuſer la licence. Or, quel
peuple a jamais pouſſé plus loin la ſim-
plicité des mœurs , que celui , qui de
tems immémorial , habite les rivages
de l'Indus & du Gange ? On voit encore
dans les temples de Benarès , d'antiques Lingams , ſymboles indécens de la
réproduction des êtres , que les jeunes
gens des deux ſexes allaient révérer à
genoux , ſans perdre leur innocence.

Les Brachmanes qui avaient donné
à l'Inde ſa religion , à force de diſputer dans la ſuite ſur une vaine méta-

physique, parvinrent à se diviser en une foule de sectes, également ennemies l'une de l'autre. Heureusement le peuple & les femmes ne furent point initiées à ces controverses. La fierté sacerdotale ne les estimait pas assez, pour les éclairer. Il n'y eut donc de guerre qu'entre les Brachmanes ; & comme cette guerre fut purement littéraire, elle ne fit ni couler du sang, ni allumer des bûchers.

Une de ces sectes les plus dangereuses, fut celle qui tendit à établir l'indifférence de tous les cultes ; elle était déja assez répandue dans l'Inde vers le commencement de l'Ere vulgaire. Les Brachmanes qui accompagnèrent les ambassadeurs de la Taprobane en Italie, sous le règne des premiers Césars, ne dissimulaient point, à cet égard, l'audace de leur doctrine ; ils regardaient toutes les religions de l'Europe , comme des institutions de

la politique : & ce monde , avec ſes
cultes divers , comme une des ſoixante-
dix mille comédies que la divinité fait
jouer devant elle , pour amuſer ſon
loiſir.

La gloire des Brachmanes s'eſt altérée par le mêlange qu'ils ont fait des
ſuperſtitions les plus hétérogenes , avec
le culte ſimple & ſublime qu'ils avaient
donné dans l'origine aux Indiens ; mais
le mal qu'ils ont fait comme prêtres, ils
ont cherché du moins à le reparer comme
philoſophes.

L'Aſie , toute entière , dépoſe que
les connaiſſances humaines, de tems
immémorial , ont été propagées avec
zèle par les Brachmanes ; ils avaient
reçu cette eſpèce de mouvement philoſophique des Atlantes , & ils le commu-
niquèrent au reſte du monde.

Benarès , le centre de communication de tous les Brachmanes de l'Inde ,
ſe trouva naturellement auſſi le foyer

des lumières. C'eſt là que les ſages de toutes les parties de notre continent accouraient, pour mériter le droit d'être les inſtituteurs de leur ſiècle. Confucius & Pythagore s'y rendirent chacun de léur côté, & ne devinrent qu'à leur retour les oracles de la Chine & de la Gréce. Démocrite qui riait de ſout, vit les Brachmanes (*a*), & ne put rire de leurs opinions? Pyrhon qui niait tout, alla les étudier (*b*), & n'oſa nier leur profonde intelligence. On dit que Platon brûlait de voir Benarès, & que les guerres de l'Aſie furent le ſeul obſtacle qui empêcha ſon voyage (*c*). Ce beau génie, qui avait vieilli à l'école de Socrate, regretta toute ſa vie de n'avoir pas été à celle des Brachmanes.

(*a*) Suidas, *Lexicon*. art. *Démocrit*.
(*b*) Diog. Laërt. *in vitâ Pyrhon*.
(*c*) Apul. *de Dogm. Plat*.

Une des merveilles de la science de ces Brachmanes, c'est d'avoir porté l'astronomie à un point capable d'étonner les Halley de l'Europe & les Newton ; ils connaissaient le gnomon, & s'en servaient pour orienter leurs pagodes. Le calcul des éclipses était un jeu pour leurs derniers adeptes ; & ce qui est bien plus fait pour nous confondre, ils étaient parvenus, en suivant d'anneau en anneau la chaine astronomique, à deviner la précession des équinoxes.

Un savant Académicien, qui a été, de nos jours, dans l'Inde, observer le passage de Venus, sur le disque du Soleil, ne pouvait se lasser d'admirer la théorie des Brachmanes sur cette précession des équinoxes (*a*).

Ils partaient du principe que les étoiles avancent annuellement de cinquante-

---

(*a*) *Voyages dans les mers de l'Inde*, par M. le Gentil, pag. 41, & ailleurs.

quatre fecondes d'occident en orient, ce qui conduit à établir une période de vingt-quatre mille ans ; les Grecs la faifaient de trente-fix mille. Elle eft réellement de 25920 ans ; ainfi les Grecs, à cet égard, étaient bien plus loin de la vérité que les Brachmanes.

On a obfervé que l'aftronomie Indienne était précifement la même que celle des Chaldéens (*a*). Comme les deux nations n'ont jamais communiqué enfemble, il eft évident qu'elles la tenaient chacune d'un peuple antérieur, dont le tems a anéanti les ouvrages, mais non la mémoire. C'eft donc l'Athènes des Atlantes, qui a éclairé tour à tour Benarès & Babylone.

Les Sages de l'Inde, comme ceux de la Grèce, ne furent pas exempts de

---

. (*a*) M. le Gentil a fait un Mémoire très-favant pour prouver cette conformité. Voyez *Voyages dans les mers de l'Inde*, pag. 321.

fingularité. D'abord l'opinion qu'ils
avaient de la fupériorité de leurs lumières fur le refte des hommes, leur
donna cette forte d'orgueil qui révolte
toujours, parce qu'il humilie. Alexandre, vainqueur de l'Inde, les prie de
venir à lui ; *c'eft à Alexandre à venir*
à nous, répondent les philofophes de
Benarès. On fe doute bien qu'il n'y eut
point d'entrevue.

On a dit que les Brachmanes étaient
parvenus, par principes, à la fameufe
apathie de Zenon ; on fe trompe. Cette
fingularité Stoïcienne, fruit d'une raifon
profonde & d'une ame blafée, ne peut
être comptée parmi les erreurs des
Brachmanes. Leur indifférence ne venait point de ce que connaiffant tout,
ils étaient dégoûtés de tout : mais feulement de ce qu'ils fe laiffaient aller à
l'inertie qu'infpirait la chaleur de leur
climat; auffi, citaient-ils, fans ceffe, cet
apophtegme : « Il vaut mieux s'affeoir

» que de marcher, fe coucher que de
» s'affeoir, dormir que de veiller, &
» mourir que de vivre. » — Ce ne font
pas là les principes des Séneque, des
Epictète, des Marc - Auréle, & de
tous les grands hommes de l'école de
Zenon.

Une des plus grandes fingularités des
Brachmanes, eft l'importance que met-
taient quelques-uns de leurs fectaires,
à des mommeries, dignes tout au plus
des tréteaux de Thefpis. Oneficrite
en rencontra un jour quinze au milieu d'une plaine, qui s'étaient im-
pofé la loi de refter toujours dans la
même attitude. Les uns étaient affis,
les autres couchés, & les derniers de-
meuraient debout (*a*). La marche d'une
armée ne les aurait pas fait changer de
pofture ; ils préféraient la gloire de
mourir, à la honte de fe mouvoir.

(*a*) Strabon, *Géograph. lib.* 15.

Quelques-uns de ces charlatans Indiens vinrent faire parade de leurs tours
devant Alexandre ; il y en eut un , en
particulier, qui prit entre fes mains une
poutre de trois coudées de long, & qui la
porta un jour tout entier , en ne fe fou-
tenant que d'un pied (*a*). Ce trait de
force n'eft rien en comparaifon de celui
que cite Pline. « Il y avait des Brach-
» manes, dit ce philofophe , qui ref-
» taient tout le jour fur un pied , en re-
» gardant fixement le foleil , depuis le
» moment où il fe leve , jufqu'à celui
» de fon coucher » (*b*). Il eft vrai qu'on

(*a*) Le feul mouvement qu'il fe permit', fut
de fe tenir fur le pied gauche , quand le
droit était fatigué. Voyez Strabon , *Géograph.*
lib. 15.

. (*b*) *Philofophos eorum quos gymnofophiftas*
(ce font les Brachmanes) *vocant, ab exortu ad*
occafum perftare cpntuentes folem immobilibus
oculis : ferventibus arenis , toto die alternis
pedibus perftare. Voy. *Hiftor. Natur. lib.* 7. *cap.* 2.

ne comprend pas aifément comment les Brachmanes pouvaient fixer feulement, dix minutes, le foleil brûlant de l'Afie, fans être aveuglés. Quand les derniers Céfars de Conftantinople voulaient empêcher leurs frères ou leurs neveux de régner, ils fe contentaient de faire paffer, à différentes reprifes, un fer rouge devant les yeux de leurs victimes, & les princes dégradés, devenaient auffi aveugles que Bélifaire.

Le dernier trait de fingularité des Brachmanes, eft leur manie de fe brûler, pour faire parade de leur courage. Nous verrons la fin tragique de Calanus, dans l'Hiftoire d'Alexandre. Quelques fiècles après, un des ambaffadeurs Indiens, envoyés à Augufte, donna le même fpectacle dans Athènes; on lui érigea un monument, avec cette infcription fur la bafe : *Cy gît Zarmanochègas, qui fe brûla, suivant les usages des Brachmanes (a).*

DE L'USAGE DES INDIENNES DE SE BRULER SUR LE BUCHER DE LEURS ÉPOUX. Je suis persuadé que les éloges donnés à l'extravagance philosophique des Brachmanes, contribuèrent autant que les dogmes de la superstition, à propager la coutume des Indiennes, de se brûler toutes vives sur le bucher de leurs époux ; tant cette espèce d'immortalité, dont fait jouir d'avance le préjugé de la gloire, a de force, même sur un sexe timide ! Tant l'opinion sembla toujours faite pour se jouer de la nature !

L'amour propre de la veuve de Malabar était au reste intéressé à assimiler sa mort volontaire avec celle des Calanus. C'était jetter un voile sur l'origine flétrissante de la loi, qui força

----

(a) Dion, *lib.* 43.

antérieurement les Indiennes à se brûler sur la cendre de leurs époux.

Remontons à cette origine flétrissante, pour détromper, s'il est possible, les enthousiastes de cette espèce de suicide.

Il fut un tems dans l'Inde, si l'on en croit Diodore (*a*), où deux amans, pour s'unir, n'avaient besoin que de se donner mutuellement leur foi. Ces mariages du siècle d'or, étaient autorisés, par la loi, dans un siècle d'airain.

Mais des unions sans convenances, où l'on n'a consulté que la pente aveugle qui entraîne les deux sexes à s'aimer, ne sont point faites pour des hommes soumis au joug social. Les Indiens, l'yvresse de leurs sens passée, eurent des remords ; & ne pouvant rompre

______

(*a*) *Hist. Univers. lib.* 19.

des nœuds indiffolubles, ils couvraient la honte de leurs choix, en faifant paffer leurs moitiés malheureufes, du rang d'époufes à celui d'efclaves.

Les jeunes Indiennes, de leur côté, ne fe voyant point protégées par la loi contre cette tyrannie domeftique, égarées, par leur fombre défefpoir, tentèrent de tems en tems de rompre leurs chaînes, en empoïfonnant leurs époux.

Les fupplices multipliés ne purent arrêter le cours de ces vengeances criminelles. Alors il parut une loi qui enjoignait aux veuves, pourvu qu'elles ne fuffent ni mères, ni enceintes, de fe brûler fur le bucher de leurs époux. L'Indienne, que l'inftinct de la nature faifait contrevenir à la loi, était déclarée facrilège, dévouée à l'opprobre, & bannie de la fociété des hommes.

Cette loi, malgré fon atrocité, fit l'effet qu'en attendait le légiflateur. L'Indienne ne chercha point à abregèr les jours de l'époux, à qui elle ne pouvait furvivre, & les empoifonnemens ceffèrent.

A cette époque, la loi devait être abrogée : elle ne le fut point. Alors les Indiennes ayant à choifir entre une longue vie, dévouée à l'opprobre, & une mort que l'opinion rendait glorieufe, s'élancèrent, avec une forte de gaité, dans les flammes, qui devaient réunir leurs cendres avec celles de leurs époux.

Il paraît que ces fuicides des Indiennes étaient déja encouragés par l'enthoufiafme national, environ trois fièc les avant le tems où écrivait Diodore; les Grecs en virent la preuve dans la guerre qui s'éleva entre Eumene & Antigone.

Il y avait, dans l'armée d'Antigone, un corps auxiliaire de troupes Indiennes. Cetè, qui les commandait, fut tué dans un combat ; ſes deux femmes qui l'aimaient , ſe diſputèrent l'honneur de ne point lui ſurvivre. La première était enceinte ; & les juges , inſtruits de la loi , décidèrent que la gloire de ſe brûler vive , appartenait à la plus jeune. L'Indienne , condamnée au ſupplice de vivre , déchire alors ſon voile, s'arrache les cheveux , & charge d'imprécations l'armée d'Antigone. Pendant ce tems là , ſa jeune rivale , la tête chargée de pierreries, & couverte de ſa robe nuptiale , s'avance , en danſant , vers le bucher , ſe poſe , au milieu des flammes qui l'environnent, ſur le cadavre de ſon époux , & meurt en l'embraſſant.

Depuis cette époque , il ne s'eſt preſque point écoulé d'années , où l'on n'ait vu renouveller , ſur-tout ſur la côte de Malabar, ces ſcènes de fanatiſme conjugal. La dernière dont l'Hiſtoire faſſe mention , a eu , pour ſpecta·

teur , le célèbre Hollwell. Voici le tableau qu'en a tracé le voyageur philosophe (*a*).

Un des Gentoux les plus diftingués de Coffimbuzar étant mort , fa veuve, âgée de 17 ans , n'attendit pas les 24 heures que la loi lui donnait pour réfléchir fur fon facrifice ; & à peine fon époux eut-il rendu le dernier foupir, qu'elle alla annoncer aux Brames , que fon deffein était de fe brûler. Cet événement fit du bruit ; la femme de l'amiral Ruffel qui fe trouvait alors fur le lieu de la fcène , envoya à la jeune Indienne des hommes éclairés pour la détourner d'un projet auffi finiftre. Les philofophes parlèrent , mais la veuve refta inébranlable. Quand on lui repréfenta qu'elle allait empoifonner à jamais l'exiftence de trois enfans, qu'elle

______

(*a*) *Evénemens Hiftoriques du Bengale*, tom. 2. pag. 110.

laiſſait orphelins , elle répondit que tout ce qu'elle avait aimé, n'était plus, & que rien ne pouvait l'empêcher de ſécouer le fardeau importun de la vie. On lui peignit, avec les couleurs les plus fortes , les horreurs de la mort qu'elle ſe propoſait de ſubir ; mais l'héroïne du Malabar , pour montrer ſon courage , mit un charbon ardent ſur la paume de ſa main , y jetta de l'encens, & l'offrit au dieu Brama. Les Anglais confondus , mais toujours pleins d'une pitié généreuſe , employèrent leur dernière reſſource, & déclarèrent à la veuve que le gouvernement ne lui permettrait pas de conſommer ſon ſacrifice. « Non, » dit-elle , je ſuis maîtreſſe de ma deſ- » tinée ; on peut m'empêcher de me » bruler , mais je ſaurai mourir de » faim ; j'en ſavourerai plus long-tems » le plaiſir de me dévouer à tout ce que » j'adore ». Les philoſophes virent bien qu'une femme de ce caractère ne pouvait être ramenée à la raison ; ils l'abandonnèrent à son fort, & se retirèrent.

Le lendemain, à la pointe du jour, le cadavre du mort fut transporté avec pompe sur son bucher. La veuve s'y rendit sur les dix heures, accompagnée de trois Brames, de ses enfans, de ses amis, & d'une foule incroyable de spectateurs. La permission du gouvernement n'arriva qu'à une heure après midi. L'Indienne employa tout cet intervalle à se laver dans les eaux sacrées du Gange, & à prier le dieu des Gentoux avec les Brames. Aussi-tôt qu'on lui annonça qu'il lui était permis de se brûler, elle ôta ses bracelets, ses anneaux & ses pierreries, les noua dans un voile, & se fit conduire au lieu du sacrifice.

On avait construit sur le bucher un berceau de feuillages, où on avait mis le corps de l'époux. L'Indienne, après avoir fait, avec ses Brames, quelques

cérémonies symboliques , qui annon-
çaient la dissolution violente que son
corps allait subir , se promene trois fois
autour du bucher : embrasse ses enfans,
leur dit l'adieu fatal ; ensuite elle prend,
des mains d'un Brame , une meche allu-
mée , & monte gaiement dans le berceau. Le spectacle d'un époux , qui ne
peut plus répondre à ses embrassemens,
ne lui arrache point des larmes , qu'elle
ne croit dignes que d'une douleur vulgaire ; elle se contente de le regarder
fixement & en silence. Après quoi , elle
allume le bucher en trois endroits différens , & va s'asseoir auprès du cadavre.
Elle ne tarda pas à s'appercevoir qu'elle
avait mis le feu du côté opposé au
vent , ce qui empêchait que le bucher
ne fût entièrement consumé. Alors se
relevant avec une dignité qu'il est plus
aisé d'admirer que de peindre , elle
embrase une seconde fois le berceau ,
& va reprendre sa place auprès de son

époux. Comme le bucher était composé de matieres très-inflammables, les soutiens furent bientôt brûlés ; tout s'écroula, & l'Indienne se trouva ensevelie sous les débris.

Nous avons observé que la veuve d'un Gentoux ne pouvait se brûler, qu'après avoir obtenu la permission du gouverneur Mahométan ; mais, dit l'exact Hollwell, ces sortes de permissions ne se refusent jamais ; & quand des Européens, entraînés par l'enthousiasme de la pitié, ont arraché des Indiennes du bucher, les Gentoux religieux ont toujours regardé cet acte généreux de violence comme un sacrilege ; & ceux d'entre eux qui n'étaient que politiques, comme une infraction solemnelle de leurs privíleges.

FRAGMENS

DE L'HISTOIRE ANCIENNE

DE L'INDE. (*a*)

Les traditions des Gentoux , qu'une critique impartiale a bien des droits pour infirmer , suppofent que l'Inde , depuis l'origine de fa population , fut foumife à des rois héréditaires. La tige de ces rois fut , dit-on , Succadit ; & Succadit defcendait en ligne directe de Bramah , qui vint , il y a quatre mille neuf cents ans , donner , au midi de l'Afie , des loix & un évangile (*b*).

____

(*a*) Diodore , Hérodote , Pline ; Juftin , Srabon , Arrien , Hollwell , & Mémoire de M. de Burigny , dans le tome XVI de *l'Hiftoire de l'Académie.*

(*b*) *Evén. Hift. du Bengale* , par Holwell , tom. 2. pag. 20.

Megaſthene , de ſon côté , aſſure qu'il y avait dans l'Inde primitive , juſqu'à cent dix huit nations différentes qui ſe gouvernaient par leurs loix & par leurs coutumes (*a*) ; ce qui eſt bien plus conforme à l'idée que l'Europe s'eſt toujours formée de cette vaſte contrée de l'Aſie , depuis que les intérêts de ſon commerce l'ont engagée à étudier ſon Hiſtoire.

Les traditions Grecques ne s'accordent, à cet égard , ni avec celles du pays , ni avec les traditions recueillies par Megaſthene. Arrien , l'interprète des Grecs , prétend que les Indiens primitifs formaient un peuple Nomade , ſans villes , ſans culte & ſans loix (*b*). Bacchus vint , leur apprit à ſemer & à labourer , les raſſembla dans des villes ;

(*a*) Plin. *Hiſt. Nat. lib. 6. cap.* 17.

(*b*) *Deſcript. de l'Inde* , pag. 320.

& après leur avoir donné des mœurs, leur donna des loix.

Il fallait que la mémoire de ce Bacchus, qui ne faisait des conquêtes que pour créer des hommes, fut en grande vénération dans l'Inde, puisque les Oxydraques qu'Alexandre eut tant de peine à subjuguer, ne se croyaient le premier peuple de l'Asie, que parce qu'ils regardaient ce héros bienfaisant, comme la tige de leur race (*a*).

On croit que Bacchus, en quittant l'Inde, lui donna un roi pour la gouverner. Ce roi, nommé *Spartembas*, était son ami, & le compagnon de ses travaux (*b*); il transmit sa couronne à des princes de sa famille, pendant plusieurs générations; ensuite les Indiens se choisirent des souverains nés dans le pays. L'empire, depuis cette époque,

____

(*a*) Strab. *Geograph. lib.* 15.
(*b*) Arrien, pag. 321.

jufqu'à l'invafion d'Alexandre, fubit un grand nombre de révolutions, dont le tems a anéanti les détails. On fait feulement que, las du joug de leurs defpotes, les Indiens le fécouèrent à différentes reprifes; & que devenus libres, ils fondérent des républiques, qui fubfiftèrent une fois trois fiècles, & une autre fois cent vingt ans.

Malheureufement tous ces faits nous ont été tranfmis par le canal des Grecs. Il faut fe défier d'une imagination exaltée, qui voit fur toute la furface du globe, des Athenes & des Lacédémones. L'Indien toujours fubjugué par les conquerants; toujours efclave de fes defpotes, porté à l'inertie par fes mœurs pacifiques, par fon climat & par fa religion, n'a eu, dans aucun tems, le courage de fe rendre libre. Il faut mettre l'Hiftoire des Républiques qu'il fonde, à côté du roman philofophipue de la Cyropédie.

La chronologie Indienne , fuivant ce fyftême des Grecs , n'a encore qu'une bafe aërienne. Comment juftifier que depuis Bacchus , jufqu'à l'invafion d'A-lexandre , cent cinquante-trois rois ont régné fur les peuples réunis de l'Indus & du Gange (a) , pendant un intervalle de 6042 ans ? Pline qui a voulu rectifier les Grecs , s'éloigne encore plus de la vérité , en prolongeant cet intervalle de quatre cents ans (b). Les Gentoux, tous vains qu'ils font de l'antiquité de leur origine , ont la bonne foi de retrancher eux-mêmes , de ce calcul , environ trente-fept fiècles , puifqu'ils avouent que , de l'époque miraculeufe

---

(a) Arrien, pag. 323.

(b) *Colliguntur à Libero patre ad Alexundrum magnum , reges eorum* CLIV *annis* VI. M. CCCCLI. *adjiciunt & menfes tres.* Voyez Pline, *Hift. Nat. lib.* 6. *cap.* 17. formant le 21ᵉ , dans l'édition de Barbou.

où Bramah defcendit fur la terre pour donner aux Indiens un code de loix, traduit de la langue des anges, il ne s'eft écoulé, jufqu'à ce moment, que quatre mille neuf cents ans (*a*).

Quinze générations après Bacchus, (& c'eft toujours la chronologie erronée des Grecs que j'expofe) parut, dans l'Inde, un Hercule. Diodore avertit expreffement qu'il ne faut point le confondre avec le fils d'Alcmene (*b*) ; c'était encore moins l'Hercule oriental que nous avons fait connaître dans l'Hiftoire des Atlantes. Le héros Indien était né fur les bords du Gange ; il rendit fa taille coloffale & fa bravoure utiles à fes compatriotes, en purgeant le pays des bêtes féroces & des brigands qui l'infeftaient ; c'eft lui, dit-on, qui bâtit

____

(*a*) *Evénem. Hift. du Bengale,* par Hollwell. tom. 2. pag. 14.

(*b*) *Hift. Univerf. lib.* 2. *cap.* 24.

Palibothra. Prêt de mourir, il partagea les diverſes ſouverainetés de l'Inde entre ſes enfans; & les peuples, ſenſibles à ſes bienfaits, firent ſon apothéoſe.

Voilà à quoi ſe réduit toute l'Hiſtoire de l'Hercule Indien, ſuivant le récit du judicieux Diodore. Arrien ajoute, à ces faits, diverſes circonſtances qui les dé-naturent (*a*); il ſuppoſe qu'Hercule, qui aimait beaucoup Pandée ſa fille, lui légua cinq cents éléphants, quatre mille chevaux, une armée de cent trente mille hommes de pied, & un grand royaume.

Voici un trait encore plus étran-ge de la crédulité d'Arrien. Cet Hiſ-torien prétend qu'Hercule nonagé-naire, ſe voyant ſur le bord de la tombe, & ne trouvant dans l'Inde aucun mari digne de ſa fille, l'épouſa lui-même,

––––––––––––––––––––

(*a*) Pag. 321 & 322.

quoiqu'elle n'eût que 7 ans. — Engen-
drer après 80 ans, fe marier à 90 à un
enfant qui n'en a que 7, donner l'exemple du plus abfurde des inceftes à des
peuples, auprès defquels on follicite fon
apothéofe : que de contradictions à
dévorer, quand on fe contente de
tranfcrire les anciens, fans apprécier
leur perfonne, & fans pefer leurs ouvrages !

C'eft après le règne de l'Hercule
Indien, qu'il faut placer la fameufe
expédition de Semiramis. Nous avons
déja parlé en détail, dans l'Hiftoire des
Affyriens, de cette guerre extravagante
& malheureufe, qui ne fut utile, qu'en
ce qu'elle guérit l'héroïne de Babylone
de la manie des conquêtes. Strabrobrates, qui était, à cette époque, le plus
puiffant monarque de l'Inde, fe con-
duifit avec une fageffe, que tous les
princes de l'Afie durent admirer, ex-
cepté Semiramis. Avant d'ouvrir la cam-

pagne , il envoya des ambaſſadeurs au
camp des Aſſyriens ; ils étaient chargés
de prendre le ciel à témoin de l'outrage
qu'on faiſait aux droits des nations , en
s'armant contre le peuple le plus pacifique du globe. Semiramis ne leur répondit , qu'en leur montrant la plaine où
elle était campée , couverte de ſes ba-
taillons.

Les ambaſſadeurs , voyant qu'il était
inutile de raiſonner avec des conquérans , qui ne connaiſſaient que le droit
du glaive , préſentèrent à la reine des
Aſſyriens , une lettre de leur monarque ,
où il la menaçait de la mettre en croix ,
ſi elle tombait entre ſes mains , pour
venger tout le ſang innocent que ſon
ambition effrénée allait faire répandre.

Semiramis , comme nous l'avons
déja obſervé , convaincue qu'on ne
mettait point en croix une reine gardée
par ſix millions d'hommes ; ſourit dé-

daigneusement sur l'audace de Strabrobrates, passa l'Indus sur un pont qu'elle
fit construire, & marcha à la conquête
de l'Inde.

Heureusement, pour l'exemple de la
terre, cette guerre injuste fut malheu-
reuse pour les aggresseurs. L'armée Assyrienne fut totalement défaite par les
Indiens. Semiramis fut blessée, & ce
ne fut que la vîtesse de son cheval, qui
la déroba au supplice.

L'héroïne de Babylone se sauva,
dit-on, dans Bactres, avec les deux
tiers de son armée (*a*). S'il en fallait
croire Néarque, l'amiral d'Alexandre,
qui avait interrogé les Indiens sur cette
expédition fatale, le désastre aurait été
bien plus complet, & il ne serait rentré
que vingt Assyriens dans leur patrie (*b*),

(*a*) Arrien, pag. 264.
(*b*) Ce récit est confirmé par Strabon, *Géograph. lib.* 14.

des six millions que Semiramis en avait
transportés ; mais l'antiquité en impose
à la fois sur le prodige de la force de
l'armée Assyrienne , & sur le prodige
de sa catastrophe.

On a dit que Sésostris avait conduit
une armée formidable dans l'Inde ,
qu'il avait traversé cette vaste région
en conquérant , & que sa marche l'a-
vait conduit jusqu'à l'Océan oriental
(*a*) ; mais cette expédition doit être
comptée parmi les mille & une fables
que la crédulité nous a transmises sur la
personne de ce Pharaon.

Hérodote , qui aimait cependant à
raconter des merveilles , avoue que
Sésostris n'avait jamais été au-delà de
la Scythie & de la Thrace (*b*).

Strabon , dont l'autorité est du plus

____

(*a*) Diod. Sicul. *Hist. Univers. lib.* 2.
(*b*) *Lib.* 2. *cap.* 103.

grand poids , s'appuyant du suffrage de Mégasthene , qui avait parcouru & l'Inde & l'Ethyopie , déclare positivement que l'Indus & le Gange n'ont jamais vu , sur leurs rivages , aucune armée de Sésostris (*a*).

Quand , de nos jours , le voyageur philosophe , qui a été sur la côte de Coromandel , calculer le passage de venus sur le disque du soleil , a interrogé les Gentoux les plus instruits sur cette prétendue expédition de Sésostris , on lui a assuré unanimément que jamais les Egyptiens n'avaient paru armés dans l'Inde , & commercé sur leurs rivages (*b*). Les soldats des Pharaons n'ont pas plus conquis l'Inde , que leurs navigateurs n'ont été peupler la Chine. Défions-nous à la fois

---

(*a*) *Géogr. lib.* 15.
(*a*) *Voyages dans les mers de l'Inde* , tom. 1. pag. 148.

des paradoxes qu'invente la science, & de ceux qu'adopte la crédulité.

Il paraît qu'une des premières expéditions heureuses, faites dans l'Inde par les conquérans, eft celle de ce fameux Ruftan, que nous verrons bientôt jouer un rôle brillant dans les annales de la Perfe, fous les rois prédéceffeurs de Cyrus. Feriftah, auteur d'une Hiftoire de l'Inde, que le colonel Dow nous a interpretée, affure qu'il y a, fur les bords du Gange, d'anciens monumens, qui atteftent la conquête du pays par ce héros de la Perfe. Cet événement, fuivant la chronologie de Feriftah, tombe à l'an 1200, avant l'Ere vulgaire (*a*).

Cyrus voulut égaler Ruftan; il partit, dit-on, avec une armée pour con-

---

(*a*) Liv. 1. pag. 15.

quérir l'Inde, ou du moins, pour la dévaster. Ce prince ne réuffit, ni dans l'un, ni dans l'autre de fes projets. La difficulté des marches au milieu des rochers, un ciel brûlant dans les plaines, la famine, tout concourut à détruire les Perfes, avant qu'ils puffent combattre. Strabon, fur la foi de quelques écrivains fufpects fans doute, prétend que Cyrus ne ramena que fept foldats dans Ecbatane (*a*).

Darius, fils d'Hyftafpe, réuffit où Cyrus avait échoué. Il entra, la feizième année de fon règne, dans la partie feptentrionale de l'Inde, lui impofa un tribut de trois cents foixante talens, & fit de fa conquête le vingtième gouvernement de la Perfe (*b*).

Depuis cette époque, l'Hiftoire de

(*a*) *Géogr. lib.* 15.
(*b*) Hérodote, *lib.* 3.

l'Inde est muette, jusqu'au tems de l'invasion d'Alexandre.

Cette invasion a laissé des traces profondes dans la mémoire des peuples subjugués ; mais, pour ne point en retracer deux fois le tableau, nous en renverrons tous les détails à l'Histoire du peuple dominateur. La conquête de l'Inde par les Macédoniens, ne peut paraître, dans tout son jour, que dans une vie d'Alexandre.

Le héros de la Macédoine mourut dans Babylone , en cherchant des mondes à conquérir. Ses généraux se partagèrent le vaste empire qu'il avait fondé. Pithon eut le gouvernement des colonies Grecques , établies près du Gange (*a*). Taxile & Porus conservèrent leurs royaumes Indiens, mais sous le titre de satrapies (*b*).

(*a*) Justin, *lib.* 12. *cap.* 4.
(*b*) Photius, *Biblioth.* cod. 82.

Au reste, le coloffe de grandeur qu'Alexandre avait élevé dans l'Inde, ne fe trouva avoir que des pieds d'argile. Quand les naturels du pays virent de près leurs conquérans, quand ils s'apperçurent que la force de la Macédoine réfidait toute entière dans la tête d'un roi, qui n'était plus, ils ne tardèrent pas à foupirer après leur indépendance. Dans cette difpofition des efprits, il ne faut qu'un homme à grand caractère, pour opérer une révolution. Get homme fe trouva, & l'Inde fécoua le joug des fuccesseurs d'Alexandre.

On appelle Sandrocott, ce héros qui fut le libérateur de fon pays (*a*) Il était né dans la poufnière, comme prefque tous ces hommes extraordinaires, qui ont changé la face du monde. Jeune,

______

(*a*) Juftin. *lib.* 15.

il fervit dans l'armée d'Alexandre ; &
comme fon âme fe révoltait contre
toute idée de difcipline , le prince
ordonna à un de fes gardes de le tuer.
L'Indien , averti à propos , fe fauva
dans les montagnes , y raffembla des
brigands , & quand il les vit affez
agguerris , il leur propofa de chaffer
les Macédoniens des rives de l'Indus &
du Gange.

Les brigands , armés de leur feule
bravoure , battirent les vieilles cohor-
tes d'Alexandre ; alors Sandrocott n'attendit pas que la patrie le récompenfât
de fes fervices , & il fe fit roi du
pays qu'il venait de rendre libre.

Seleucus , qui avait l'Inde dans fon
appanage , ne tarda pas à être inftruit
de la révolution ; mais , trop faible
pour punir ce fameux rebelle , il fit
alliance avec lui. Sandrocott fe trouva
ainfi affermi fur le trône , par les mêmes

mains qui devaient l'en faire defcendre.

Les Grecs ne paraiffent plus s'occuper de l'Inde, depuis la mort de Sandrocott. On, cite cependant le nom d'Amitrochar, un de fes fucceffeurs, pour un trait qui peint bien la naïveté des mœurs Indiennes. Ce prince écrivit à Antiochus, pour qu'il lui vendît des figues, du vin & un philofophe; on envoya à l'Indien du vin & des figues; mais on lui fit dire qu'un roi de Syrie n'était pas affez riche, pour acheter un philofophe (*a*).

Ici il y a un grand vuide dans l'Hiftoire Indienne; enfuite, on voit un Arface, roi des Parthes, qui pénetre, avec une armée formidable, fur les rives de l'Indus, & foumet, à fon empire, les vaftes contrées où le Porus d'Alexandre avait régné (*b*).

____

(*a*) Athen. *Deipnofoph. lib.* 14.
(*b*) Diod. Sicul. *Fragm. Valef.* pag. 359.

Quelque tems après, Eucratidas, roi de la Bactriane, encouragé par les succès d'Arface, fit une invafion dans les Indes, qui lui réuffit auffi ; mais il ne jouit pas long tems de fon triomphe. Au retour de fon expédition glorieufe, fon fils l'affaffina ; il fit paffer fon char fur fon cadavre, & ordonna qu'on le laifsât fans fépulture (*a*).

Depuis cette époque, l'Hiftoire de l'Inde n'eft liée, avec celle de l'Europe, que par de vaines ambaffades ; on fait que Porus en envoya une à Augufte, où fe brûla le Brachmane Zarmanochegas. Dans la fuite, les puiffances dominantes dans l'Inde firent auffi féliciter Trajan, Tite, Antonin & Aurelien, le vainqueur de Zeno-

------

(*a*) *Juftin. lib.* 41.

bie ; mais toutes ces ambaſſades fri-voles , monument du faſte des rois , ne purent nous donner des lumières , ni ſur les noms des Indiens , ni ſur leur Hiſtoire.

Il faut terminer ce tableau de l'Inde primitive par l'Hiſtoire d'une eſpèce de conjuration formée par la nation contre elle-même ; conjuration dont l'origine remonte peut-être à vingt-ſiècles , & qui ſubſiſte encore , grace au préjugé de la politique , & aux haines barbares de la religion.

S'il y avait quelque contrée ſur le globe , où les hommes duſſent être égaux , ce ſerait , ſans doute , ſur ces rivages fortunés de l'Indus & du Gange , où le riz qui les nourrit , & le coton qui les habille , viennent preſque ſans culture. C'eſt cependant dans cette partie de l'Aſie , que triomphe l'iné-galité. Les caſtes diverſes , entre leſ-

quelles la nation eſt diviſée depuis
l'antique religion de Bramah , ne com-
muniquent preſque point entre elles ,
& ce préjugé rompt , preſque par-tout ,
l'unité du gouvernement.

Parmi ces caſtes , il y en a une ſur-
tout , qui doit ſon origine au fanatiſme
des Brames , & qui mérite d'être ven-
gée par les philoſophes : c'eſt la caſte
des Parias. Un prince de l'Indoſtan ,
nommé Schoparia , inſpiré par ſes
prêtres , s'aviſa de publier un édit , qui
défendait , ſous les peines les plus ri-
goureuſes , de manger de la vache.
Une partie de la nation refuſa d'obéir ,
& on la déclara abominable (*a*). Ce
ſont les deſcendans de ces trangreſſeurs
de l'édit de Schoparia , qui conſtituent

(*a*) *Zenda Veſta* de Zoroaſtre , tome I.
Prem. Part. pag. CXXXVIII.

la claffe des Parias. Les hommes qui ont le malheur d'y naître, font chargés des emplois les plus vils de la fociété, de tranfporter les immondices & d'enterrer les morts ; on ne leur permet plus d'être frugivores ; & l'horreur qu'ils infpirent eft telle, que fi l'un d'eux ofe toucher un citoyen d'une autre tribu, celui-ci a droit de le tuer fur le champ. Ces Parias font les Ilotes de l'Indoftan, où on ne trouve cependant point de Lacédémone.

Quand nos Européens, qui n'époufaient point les haines nationales de l'Inde, ont voulu chercher des efclaves dans la cafte des Parias, on a refufé de négocier avec eux. Les voyageurs même fe font détournés, en paffant, de leurs maifons, & peu s'en faut qu'ils n'aient partagé l'opprobre des malheureux, que leur cœur fenfible voulait rendre à l'efpèce humaine.

Les Pulchis du Malabar font dans un période de dégradation encore plus infultant à la raifon humaine, que les Parias. La loi leur défend d'avoir même des cabanes, & ils font contraints de fe conftruire des efpéces de nids fur les arbres. Devenus égaux aux quadrupedes, par l'habitude de tant d'opprobres, ils ne font connaître leurs befoins, que par leurs hurlemens ; alors l'Indien fenfible vient dépofer un peu de riz au pied de l'arbre ; mais il fe retire à l'inftant, de peur que le Pulchis ne fouille fon bienfaiteur, en rencontrant fes regards.

Cette confpiration de l'Inde contre fes Pulchis & fes Parias, eft un des faits les plus étranges qu'on rencontre dans l'Hiftoire. Il eft probable qu'elle ne ceffera que quand l'Europe aura fait adopter aux Brames & aux

Rois la douce philosophie des Pen &
des Marc-Aurele. Mais il faut peut-être,
pour voir l'accompliſſement de ce vœu,
attendre celui de tous les rêves vertueux
de l'Abbé de Saint-Pierre.

FIN DES VUES SUR LA
POPULATION SUCCESSIVE
DE L'ASIE.

TABLE
DES CHAPITRES
DU TOME V,
DE L'HISTOIRE ANCIENNE.

SUITE DE L'HISTOIRE
D'ASSYRIE.

FIN DE LA TABLE DES CHAPITRES.

M. DCC. LXXX.

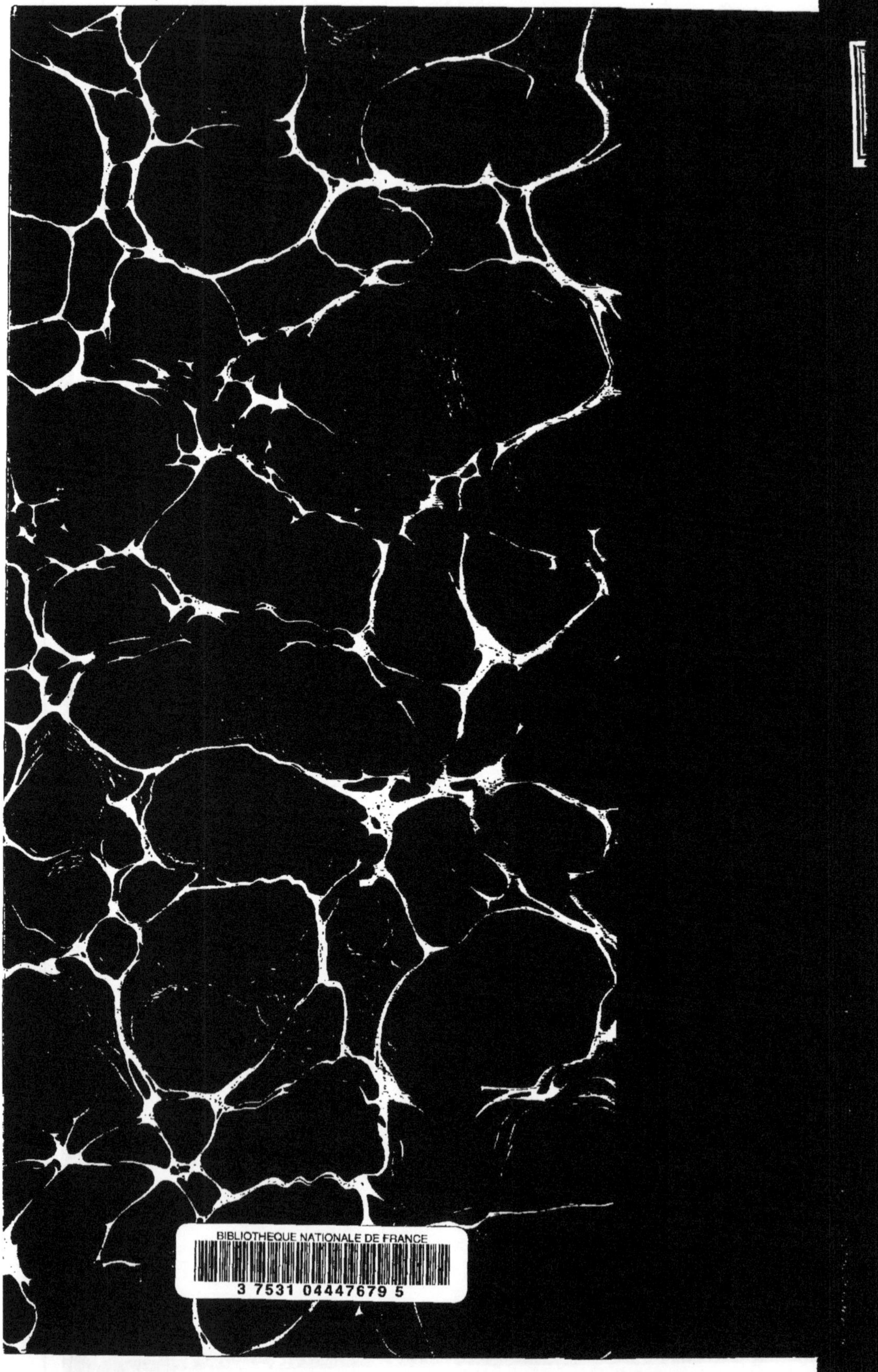
BIBLIOTHEQUE NATIONALE DE FRANCE
3 7531 04447679 5

9 782013 621403